FALKEN
FARBIG
Schlingpflanzen

Martin Haberer

Kletterpflanzen

Rankende Begrünung für Fassade, Balkon und Garten

FALKEN VERLAG

CIP-Kurztitelaufnahme der Deutschen Bibliothek

Haberer, Martin:
Kletterpflanzen: rankende Begrünung für Fassade,
Balkon und Garten/Martin Haberer.
Niedernhausen/Ts.: Falken-Verlag, 1984.
(Falken farbig)
ISBN 3-8068-5140-9

ISBN 3 8068 5140 9

Titelbild und Fotos: Martin Haberer
Zeichnungen: Heidemarie Müller
Die Ratschläge in diesem Buch sind von Autor und Verlag sorgfältig erwogen und geprüft, dennoch kann eine Garantie nicht übernommen werden. Eine Haftung des Autors bzw. des Verlages und seiner Beauftragten für Personen-, Sach- und Vermögensschäden ist ausgeschlossen.
Gesamtherstellung: Karl Neef GmbH & Co., Wittingen

817 2675 4453

Inhalt

Einleitung

Unter den vielen Gewächsen, die sich für unsere Gärten eignen, sind die Kletterpflanzen sicherlich die eigenartigsten Pflanzen. Mit allen nur denkbaren Tricks versuchen sie, ihre Blüten ans Licht zu bekommen. Dabei ist ihnen jedes Mittel recht. Man kennt Schlinger, die ihre Unterlage regelrecht umgarnen und kleine Bäume auf diese Weise sogar abwürgen können.
Einige bilden Sproß- oder Blattranken, andere Haftfüßchen oder Haftwurzeln aus.
Unter den letzteren kennt man einige Arten, wie den Efeu oder den Wilden Wein, die beide sogar glatte Flächen bewachsen können. Diese Selbstklimmer sind am besten geeignet, Bauwerke zu schützen. Im Sommer halten sie den Regen vom Mauerwerk ab und schaffen durch ihre enorme Verdunstungsfläche ein günstigeres Klima. Sie spenden Schatten und geben Sauerstoff an die Umwelt ab. Im Winter dagegen kühlt das Bauwerk nicht so stark aus, wenn seine Wände mit Kletterpflanzen bewachsen sind.
Vielfach sind in den Städten die begrünten Fassaden neben den Dachgärten die einzige Möglichkeit, das Klima zu verbessern. Man sollte sich diese Chance daher auf keinen Fall entgehen lassen.
Die Ansprüche der meisten Kletterpflanzen sind denkbar gering. Für kurzlebige Arten genügt oft schon ein größerer Trog, die ausdauernden Arten benötigen etwas mehr Sorgfalt bei der Auswahl des Platzes und bei der Pflanzung, dies wäre eigentlich beinahe alles.
Natürlich müssen wir für den jeweiligen Standort die richtige Pflanzenwahl treffen. Dieses Buch soll dem Benutzer gerade in dieser Hinsicht eine Hilfe sein und ihn die Schönheit, aber auch den Nutzen dieser interessanten Pflanzengruppe erkennen lassen.

Kletterpflanzen als Umweltverbesserer

Schon in der Antike wußte man den Wert der Klettergewächse zu schätzen, aber erst in jüngster Zeit sind neuere Untersuchungen über ihre vielen positiven Eigenschaften bekannt geworden. Während man sie früher meist wegen ihrer gestalterischen und ästhetischen Wirkung verwendete, spielt heute auch ihr bautechnischer und ökologischer Nutzen eine nicht zu unterschätzende Rolle.
Lebende, also begrünte Wände erhitzen sich lange nicht so stark wie kahle Mauern. Bei vergleichenden Versuchen wurde entdeckt, daß Wände mit dichtem Bewuchs bei starker Sonneneinstrahlung eine Temperatur von 30° C erreichen. Unbewachsene Wände können dagegen Temperaturen bis zu 60° C aufweisen. Die Pflanzen beschatten die Wände, eine Aufheizung findet in viel geringerem Maße statt. Außerdem ist zu berücksichtigen, daß die Pflanzen viel Wasser verdunsten und dabei Energie verbrauchen (Transpirationskälte).
Sommergrüne Kletterpflanzen unterliegen dem Wandel der Jahreszeiten. Man kann bei ihnen die Entwicklung der Blätter im Frühling besonders gut beobachten. Dann erscheinen die Blüten, und im Herbst erlebt man die Färbung der Früchte und Blätter. Während der Zeit der größten Wärmeeinstrahlung im Sommer halten also diese Pflanzen (z.B. der Wilde Wein) das Bauwerk kühl. Im Winter ist das Laub abgefallen, und die Sonne kann die Wand ungehindert bestrahlen und dabei aufheizen. Diese Erwärmung ist dann besonders wichtig und mindert den Verbrauch an Heizenergie.
Aber auch immergrüne Gewächse wie der Efeu bieten einer Fassade nur Vorteile. Die Sonne trifft zwar im Winter ebensowenig auf das Mauerwerk wie im Sommer. Doch unter den dachziegelartig angeordneten Blättern staut sich die Luft, es bildet sich dadurch ein ständiges, gut isolierendes Luftpolster, das eine Verbesserung des Wärmedämmwertes (k-Wert) einer Fassade bewirkt.
Begrünte Fassaden sind auch trockener und daher vor Witterungseinflüssen geschützt.
Ungünstige Werte sind nur von seenahen Mauern bekannt, wo der starke Westwind gelegentlich den Regen unter die Blätter peitscht. In solchen Fällen trocknet die Fassade schlecht ab.
Nicht zu vergessen ist auch die leicht lärmdämpfende Wirkung von Kletterpflanzen, die man allerdings nicht überschätzen sollte.

Bauwerke aller Art lassen sich also durch Kletterpflanzen vor Witterungseinflüssen schützen. Nur bröckeliger Putz oder schadhafte Mauern können durch raschwachsende Arten auseinandergedrückt werden. Im dichten Grün findet die Vogelwelt günstige Nistgelegenheiten. Viele Vogelarten können neben ihren bekannten nützlichen Eigenschaften (Vertilgung von Insekten aller Art) auch durch ihr Gezwitscher zum Naturerleben in der sonst tierarmen Stadt beitragen.

Außer den Vögeln sind in den Städten noch eine Fülle von Insekten anzutreffen. Schmetterlinge, Bienen und Hummeln sind wichtige Bestäuber vieler Blütenpflanzen und daher unentbehrlich für unsere Umwelt. Ganz besonders nützlich sind Marienkäfer und Schwebfliegen, weil sie Pflanzenschädlinge, wie z.B. Blattläuse, vertilgen.

Auch Spinnen sind nützliche Tiere, leider werden sie von vielen verkannt. Hätten wir keine Spinnen, würden die Insekten bald überhand nehmen.

Viele dieser Tiere finden einen günstigen Lebensraum in der begrünten Fassade, gelangen dadurch allerdings gelegentlich in unsere Zimmer. Unangenehmer sind jedoch Mäuse, die auf diese Weise manchmal in offene Fenster eindringen. Eine Maus kann aber auch an einer verputzten Wand wie an einer Liane hochklettern.

Die vielen positiven Eigenschaften, die wir von den Kletterpflanzen kennen, sollten daher bei der vermehrten Verwendung dieser Pflanzengruppe in Betracht gezogen werden. Ganz besonders gilt dies für die Stadt, wo es immer weniger Grünflächen gibt. In Hinterhöfen sind Kletterpflanzen oft die einzige Möglichkeit, Grün in größeren Flächen anzusiedeln.

Die größte Bedeutung kommt in diesem Falle sicher den Selbstklimmern zu; dazu zählen die Sorten des Wilden Weins und vor allem der Efeu. Diese, aber auch viele andere Kletterpflanzen vermögen auf ärmstem Boden und in ungünstigsten Lagen in wenigen Jahren große Flächen zu begrünen. Alle in diesem Buch beschriebenen Pflanzenarten sind durchaus für die Verwendung in der Stadt geeignet. Man sollte ihnen nur die notwendigen Wachstumsfaktoren zubilligen, ihnen also Wärme, Licht, gelegentlich etwas Wasser und einige Nährstoffe im oft mageren Boden zukommen lassen.

Dann wird man staunen, wie sie in kurzer Zeit kahle Wände mit ihrem grünen Pelz überziehen.

Geeignete Standorte für Kletterpflanzen

Licht

Es gibt eigentlich kaum einen Platz, an dem Kletterpflanzen nicht gedeihen. Viele Arten eignen sich besonders für schattige Plätze, denn die meisten von ihnen stammen ja aus dem Lebensbereich Waldrand, wo sie sich passende Stützpflanzen in der Nähe suchen und an diesen hinaufklettern. Während also der Stammfuß der Pflanzen beschattet ist, befinden sich die generativen Organe im Licht.
Ganz besonders schön ist diese Wuchsform bei der Waldrebe zu beobachten. Aber auch viele andere Arten leben nach diesem Prinzip.
Für die Pflanzung bedeutet dies, daß wir dieser Gruppe in Sonnenlagen immer einen schattigen Fuß geben müssen. Am einfachsten geschieht dies durch das Vorpflanzen eines Gehölzes.
Für die dauernd im Schatten von Gebäuden liegenden Hauswände, also z.B. die Nordseiten von Innenhöfen, eignen sich nur wenige Gewächse. Der Efeu ist hier in seinem Element. Selbst ungünstigste Lagen begrünt er in wenigen Jahren. Von dieser universell verwendbaren immergrünen Pflanzengattung kennt man inzwischen über 500 Arten und Sorten, so daß keine Eintönigkeit aufkommen kann. Auch einige andere immergrüne Gewächse sind an einem solchen Standort verwendbar, so z.B. Geißblatt und immergrüne Brombeere.
Eine üppige Pflanzenvielfalt läßt sich an den Standorten erzielen, wo wenigstens einmal am Tag die Sonne den Pflanzplatz bescheint. West- und Ostseiten scheinen die idealsten Plätze für unsere Kletterpflanzen zu sein.

Wärme

Aus unserer heimischen Pflanzenwelt sind uns Efeu, Waldrebe und Geißblatt am ehesten vertraut. Diese Arten vertragen auch kühlere Standorte. Je südlicher man kommt, um so größer wird die Anzahl der verschiedenen Arten. So erreichen die Lianen im Tropenwald ihre größte Artenvielfalt. Manche davon kennen wir aus den Wohnstuben; sie sind oft nicht winterhart und benötigen die tropischen Temperaturen ihrer Heimat zum guten Gedeihen.
Eine Vielzahl subtropischer Arten läßt sich bei richtiger Pflege am geeigneten Standort im Freien gut beobachten. In den Weinbaugegenden findet man diese Möglichkeit häufig, denn die Weinrebe gehört ja auch zu dieser Pflanzengruppe.
In windgeschützten Innenhöfen kann man manchmal ebenfalls seltene Arten kultivieren, so bietet sich hier z.B. die Möglichkeit, Kiwis anzupflanzen. Gerade bei dieser Art jedoch hat schon mancher eine Enttäuschung erlebt, denn trotz aller Pflege stellten sich keine Früchte ein. Um erfolgreich zu sein, muß man wissen, daß Kiwis zu den zweihäusigen Pflanzen gehören, und man daher männliche und weibliche Pflanzen benötigt, um Früchte ernten zu können.

Boden

Jeder tiefgründige Gartenboden eignet sich für Klettergewächse. Erfahrungsgemäß ist aber der Boden in Hauswandnähe oft mit Bauschutt verunreinigt.
Man hebt daher ein genügend großes Pflanzloch aus (40×40×40 cm), lockert die Sohle auf und verbessert den Aushub mit Komposterde und organischen Düngern. Für die ersten Jahre genügt dies der Pflanze vollauf. Die Wurzeln können sich nun entwickeln.
Im Laufe der Jahre gehen die Wurzeln auf der Suche nach Nährstoffen immer tiefer in den Boden und bilden ein weitverzweigtes Wurzelsystem aus. Dies ist auch unter Wegen und Plätzen der Fall und tritt selten störend in Erscheinung.
Immer wieder ist man von der Anspruchslosigkeit der Kletterpflanzen überrascht, weil sie mit so wenig Standraum auszukommen scheinen. Das Wurzelwerk, das die Nährstoffe aus dem Boden aufnimmt, ist ja nicht zu sehen.
Schutt und nährstoffarme Rohböden sind daher auch für die genügsamen Kletterer ein großes Problem.

Wasser

Ohne Wasser kennt man kein Leben. Dieser Satz trifft natürlich auch für die Kletterpflanzen zu. Das einmalige Angießen nach der Pflanzung reicht selten aus. Daher soll man in den ersten Wochen nach der

Pflanzung an eine wöchentliche Wassergabe denken. Das Gefälle von Wegen oder Plätzen richtet man so ein, daß bei Regenfällen auch etwas Feuchtigkeit zu den Pflanzenstellen gelangt.
Keinesfalls darf die Pflanze aber unter Staunässe leiden. Um dies zu vermeiden, sollte bei der Pflanzung ein Dränrohr eingelassen werden, das die überschüssige Feuchtigkeit abführt.

Nährstoffe

Bei der Pflanzung der Kletterpflanzen genügt pro Pflanzstelle eine Handvoll Dünger, den man mit der ausgehobenen Erde vermischt. Für diesen Zweck haben sich die organischen Volldünger oder anorganischen Langzeitdünger am besten bewährt.
Später wäre von April bis Juni eine monatliche Gabe Flüssigdünger angebracht. Nach 2–3 Jahren hat sich im allgemeinen das Wurzelsystem so ausgebreitet, daß auf eine weitere Düngung verzichtet werden kann.

Gesetzliche Grundlagen

Das Nachbarrechtsgesetz schweigt sich zum Thema Kletterpflanzen aus, auch ist das Anbringen von Klettergerüsten aller Art an Wänden nicht genehmigungspflichtig.
Soll aber die Garagenwand des Nachbarn begrünt werden, empfiehlt es sich, die Genehmigung vorher schriftlich einzuholen, damit später keine Unannehmlichkeiten auftreten können.

Technische Hilfen für Kletter- und Schlingpflanzen

Die selbstklimmenden Arten, wie Efeu oder Jungfernrebe, benötigen keine Kletterhilfen. Allenfalls wird der Stab, an dem die Pflanze befestigt ist, an die Wand gelehnt, wenn die Pflanzung erfolgt ist. Man entfernt ihn also erst nach einigen Jahren, wenn kein Schutz und keine Führung mehr notwendig sind.

Begrünung von Bäumen und Sträuchern

Die meisten Kletterpflanzen benötigen aber eine Rankhilfe. Im einfachsten Fall pflanzt man sie an Sträucher oder Bäume, in deren Ästen sie sich festhalten können.
Möchte man ältere Bäume mit glatten Stämmen mit einem Kletterpflanzenschmuck versehen, so gelingt dies nur bei den Selbstklimmern. Die anderen Schlinger sind meist nicht in der Lage, sich an den glatten Stämmen festzuhalten. Befestigt man aber einen verzinkten Draht am Stamm, so genügt dies vollauf, einem Schlinger, wie z.B. dem Geißblatt, die erste Hilfestellung zu geben. Der stabile Draht wird dabei einfach mit Krampen in Längsrichtung am Stamm befestigt. Er muß etwas locker sein, damit sich die Pflanze auch daran festhalten kann.
Daß man gesunde Bäume nie mit Draht oder Schnüre umwickeln darf, ist hinreichend bekannt. Beim Dickenwachstum des Kambiums werden die Leitungsbahnen durch den Draht abgewürgt, und der Baum stirbt in wenigen Jahren. Frisch gepflanzte Bäume, die mit Pfählen befestigt wurden, sollten daher regelmäßig kontrolliert werden. Wenn das Bindematerial zu straff am Stamm anliegt, sind auch hier Einschnürungen die Folge. Mancher Baum ist auf diese Weise schon zugrunde gegangen.

Fallopia aubertii an einem Laternenmast.

Begrünung von Masten aus Holz oder Stahl

Holzmasten lassen sich durch einfaches Umwickeln mit Draht begrünen. Kahle, glatte Stahlmasten dagegen benötigen einen größeren Aufwand. Um sie wickelt man ein engmaschiges Drahtgeflecht, das genügend Haltemöglichkeiten für einen Schlinger bietet.
In manchen Städten ist diese Methode schon mit Erfolg erprobt worden. Rasch wachsende Schlinger, wie Knöterich, können so in kurzer Zeit schmucklose Masten in grüne und blühende Säulen verwandeln. Daß man dafür zuvor eine Genehmigung beim Rathaus, Landratsamt oder der Baubehörde einholen sollte, versteht sich von selbst.

Begrünung von Wänden durch Einsatz von Kletterhilfen

Wände aller Art sind mit einfachen und daher preiswerten Mitteln zu begrünen. Für kurzlebige Kletterpflanzen eignen sich schon senkrecht oder waagrecht gespannte Schnüre oder Bastfäden, die an mit Dübeln in der Wand verankerten Haken befestigt werden. Der Abstand der Schnüre von der Wand soll dabei mindestens 5 cm betragen. Dauerhafter sind natürlich feuerverzinkte Drähte, die straff gespannt werden sollten. Zu diesem Zweck sind im Handel Drahtspanner erhältlich.

Solche einfachen Konstruktionen halten Jahrzehnte und bieten auch kräftig wachsenden Arten genügend Halt. Noch besser können sich die Pflanzen entwickeln, wenn die Schnüre 15–20 cm von der Wand entfernt angebracht werden.
Rankgitter lassen sich mit einigem handwerklichen Geschick selbst anfertigen. Man nehme verzinktes oder mit Kunststoff ummanteltes Drahtgeflecht, wie es für Gartenzäune im Fachhandel angeboten wird. Dieses wird auf einem Lattengerüst befestigt und dann an der Wand montiert.
Noch stabiler ist die Verwendung von Baustahlmatten, deren 5 mm starke Stäbe entweder gestrichen werden müssen, oder die Matten werden gleich feuerverzinkt erworben.
Die Befestigung der rostgeschützten Haken an der Wand erfolgt etwa im Abstand von 1 Meter.
Holzlattengerüste lassen sich in vielen Variationen selbst bauen. Stabilere Gerüste fertigt man aus einfachen Dachlatten an (48×24 mm), zierlicher sehen dagegen Konstruktionen aus Flach- oder Rundstäben aus. Auch geflochtene Holzgerüste sind hervorragend für diesen Zweck geeignet. Das Flechtwerk kann sowohl waagrecht und senkrecht wie auch diagonal konstruiert sein. Der Abstand der Latten voneinander sollte je nach Stärke 10–30 cm betragen.
Alle verwendeten Hölzer sollten auf jeden Fall vorher gut imprägniert sein, und zwar mit pflanzenunschädlichen Mitteln (z.B. Holz-Fluid). Es wäre sehr schade, wenn die jungen Triebe durch falschen Anstrich kümmerten.

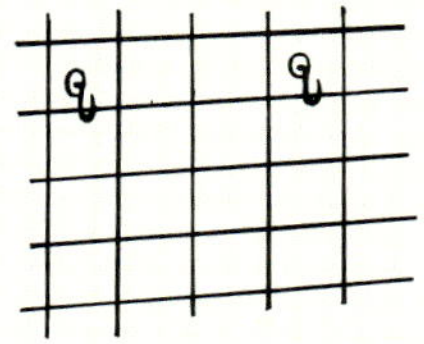

Baustahlgewebe mit Haken befestigt

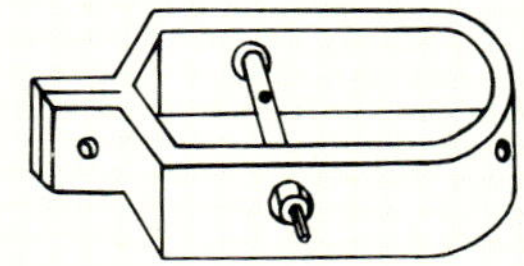

Spannschloß

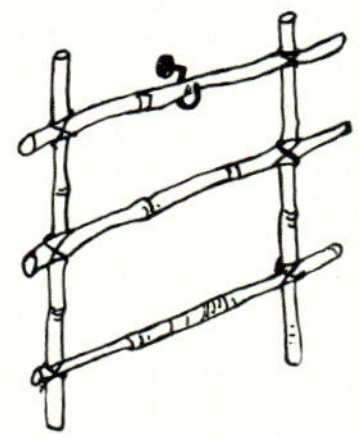

Bambusgerüst

Bau-stahl-gewebe

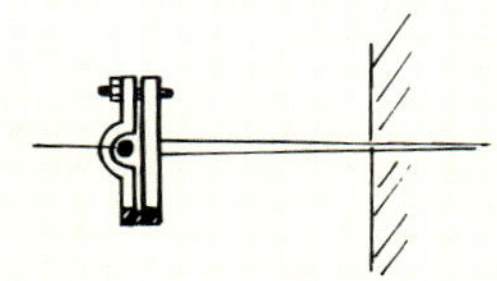

Anbringung von Baustahlgewebe an einer Wand

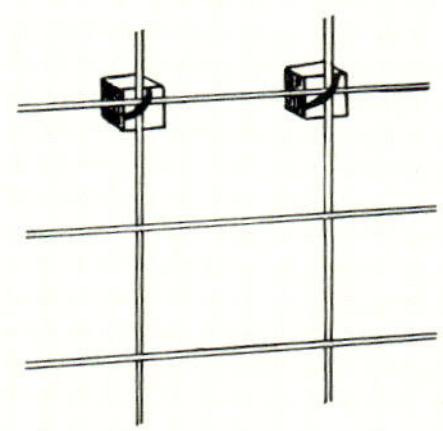

Einfache Drahtkonstruktion mit Abstandsklötzchen

Krampen

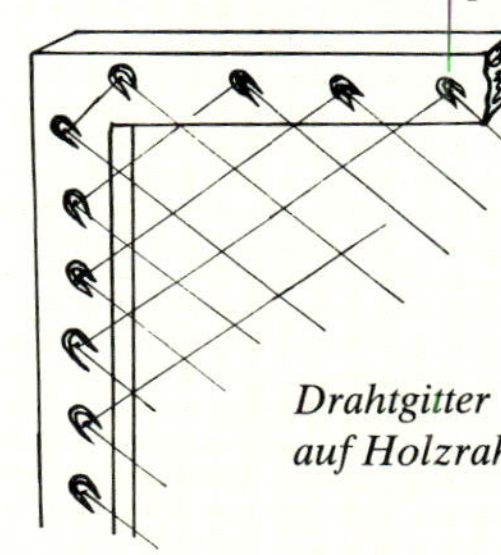

Drahtgitter auf Holzrahmen

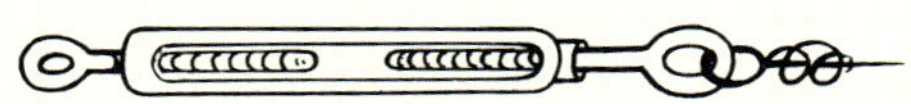

Drahtspanner

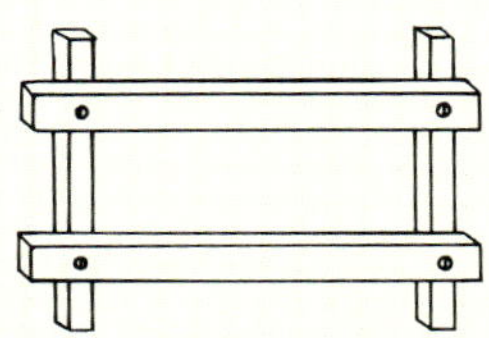

Lattengerüst mit Schrauben und Dübeln befestigt.

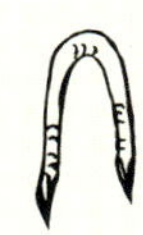

Krampen

Klettergerüst für Fallopia.

Rankgerüste aus Holz

Die für diesen Zweck am häufigsten verwendeten Holzarten sind Fichte und Kiefer. Damit sie länger halten, müssen diese Holzarten imprägniert werden.

Am dauerhaftesten ist die Kesseldruckimprägnierung, die im Holzwerk vorgenommen wird. Man braucht also in diesem Fall nur noch die Schnittkanten nachzustreichen.

Möchte man den Anstrich selbst vornehmen, so achte man darauf, daß das Holz trocken ist. Nur dann kann es das Mittel gut aufnehmen. Dies gilt auch für den Anstrich in den folgenden Jahren, denn Holzteile, die der Witterung ausgesetzt sind, müssen alle 2–3 Jahre nachbehandelt werden. Durch mehrmaliges Anstreichen mit dem Pinsel und einem geeigneten Mittel ist auch hier eine Tiefenwirkung zu erzielen.

Im Handel werden eine Fülle von Imprägnierungsmitteln angeboten. Grundsätzlich sollte man zwischen folgenden Mitteln unterscheiden:

a) *Ölige Mittel,* wie Karbolineum oder Holzschutzöle, gewähren einen dauerhaften Schutz vor Feuchtigkeit, stören aber durch ihren Geruch, besonders bei warmer Witterung. Die Inhaltsstoffe verdunsten und können zu Pflanzenschäden führen. Flecken an der Kleidung lassen sich kaum entfernen.

b) *Imprägniersalze,* wie Corbal U 15 (pflanzenverträglich), Wolmanit U oder Basilit U, sind für Hölzer im Außenbereich verwendbar. Diese Mittel sind schwer auslaugbar, gekennzeichnet ist dies durch den Buchstaben U. Holz-Fluid und TC-201 sind Mittel, die man als pflanzenunschädlich bezeichnen kann. Dennoch sollte man bedenken, daß alle diese Mittel giftig sind. Sie sollen ja schädliche Holzpilze und Insekten fernhalten.

Rundholzpergola mit Wisteria sinensis.

Biologische Mittel für den Holzschutz (z.B. Leinölfirnis, Holzpech und Naturharzöle) werden von LIVOS PFLANZENFARBEN, 3123 Bodenteich, angeboten.

Beim Holz sollte immer die natürliche Maserung zur Wirkung kommen. Man sollte daher auf deckende Farblacke verzichten und statt dessen zu lasierenden Präparaten greifen.

Keinen Anstrich benötigen einige tropische Harthölzer, wie Angelique und Bongossi. Letzteres wird vornehmlich zu Flechtzäunen verarbeitet und ist so hart, daß man es nicht nageln kann. Eine Haltbarkeit von über 50 Jahren kann vom Lieferanten garantiert werden. Man schraubt die 10 cm breiten Flechtstreifen auf Kanthölzer (8×8) aus Bongossi, die dauerhaft im Boden befestigt wurden, z.B. mit einem Betonfundament.

Im Freien werden Hölzer nicht durch Leim, sondern durch rostgeschützte Nägel oder Schrauben miteinander verbunden. Man wählt Holzschrauben mit Rundkopf, entweder verzinkt oder aus Messing, mit einer Länge je nach verwendeter Holzstärke. Im Idealfall sollte die Schraubenspitze nicht zu sehen sein, wenn man 2 Hölzer miteinander verschraubt hat. Für kleinere und schwächere Gerüste eignen sich natürlich auch feuerverzinkte Nägel zur Befestigung.

Gerüste aus Holzlatten

Für schwach wachsende Schlinger baut man am besten Gerüste aus Latten (Stärke 20×15 mm), die im Abstand von etwa 20 cm kreuzweise oder diagonal befestigt

werden. Man schraubt diese Latten auf einen vorgefertigten Holzrahmen aus Dachlatten (24×48 mm). Möchte man stärker wachsenden Schlingern einen Halt geben, so wählt man gleich die Dachlatten und befestigt sie im Abstand von etwa 30–40 cm gitterartig.
Auch die Holzlattengerüste sollten mit einem genügend großen Abstand zur Hauswand (15–20 cm) angebracht werden. In Mauerdübel eingesetzte Messingschrauben oder verzinkte Schrauben sind besonders haltbar und verursachen keine Rostflecken auf der Hauswand.
Praktisch ist es, das Gerüst so zu befestigen, daß es nach einigen Jahren mit wenigen Handgriffen abgenommen werden kann, wenn ein neuer Anstrich fällig ist. Seitlich angebrachte Scharniere oder am Haken eingehängte Gerüste sind hierfür mögliche einfache Lösungen, ohne daß die Kletterpflanzen sehr unter dieser Maßnahme zu leiden hätten.

Gerüste aus Flach- oder Rundstäben
Diese Art der Klettergerüstkonstruktion ist zierlicher und eleganter als die aus Latten, aber längst nicht so haltbar. Sie empfiehlt sich also nur für Kletterpflanzen, die kein allzu großes Gewicht entwickeln oder durch regelmäßige Rückschnitte zurechtgestutzt werden, oder für Anzuchtpflanzen. Für die leichteren Pflanzen eignen sich ebensogut geflochtene Holzgerüste, wobei das Flechtwerk sowohl waagrecht-senkrecht als auch diagonal angelegt sein kann. Der Abstand der Latten voneinander sollte je nach Stärke der verwendeten Hölzer 10–30 cm betragen.

Die Hölzer können entweder mit Drähten oder wetterfesten Schnüren fest aneinander gebunden oder, wenn sie stark genug sind, verschraubt oder vernagelt werden.
Auch hier sollte vor der Montage darauf geachtet werden, daß sie mit pflanzenfreundlichen Mitteln imprägniert werden, um sie haltbarer zu machen.

Drahtgeflechte
Normale Maschendrahtgeflechte, wie sie zum Bau von Zäunen verwendet werden, besitzen Maschenweiten von 40, 50 und 60 mm und werden aus Draht in einer Stärke von 2,5–3,8 mm hergestellt. Grundsätzlich nimmt man feuerverzinkte oder kunststoffumhüllte Drähte. Sie werden in vielen Höhen (60–200 cm) in Rollen geliefert.
Mit der Zange (Kneif- oder Kombizange) schneidet man die gewünschte Länge ab. Nun befestigt man das Geflecht an allen Enden mittels Krampen (U-förmige Stahlstifte) an dem vorbereiteten Holzrahmen aus Dachlatten (24×48 mm oder stärker).

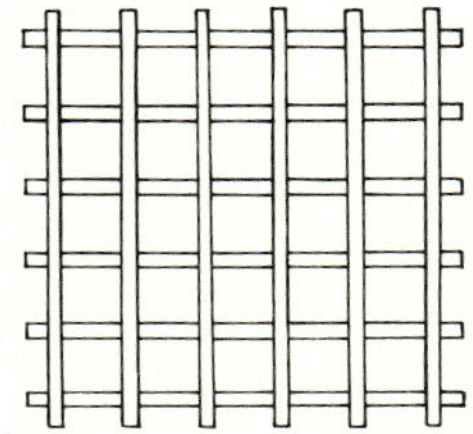

Holzgitter; senkrechte und waagerechte Stäbe

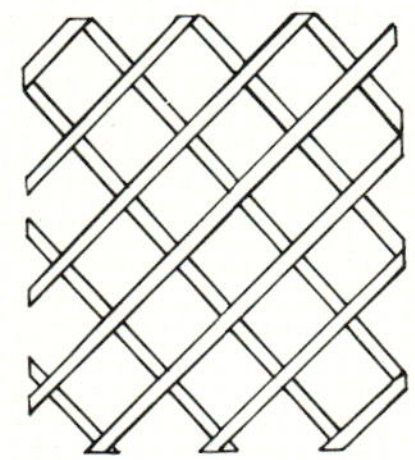

Holzgitter; diagonale Stäbe

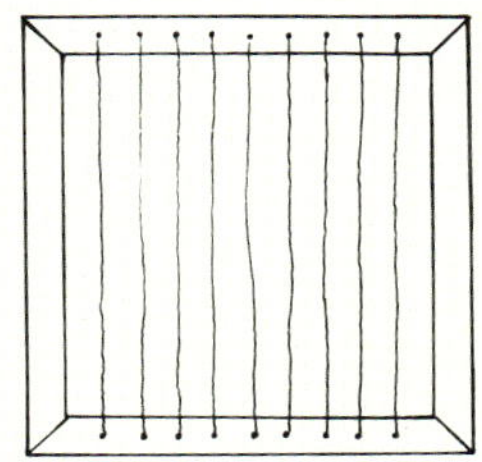

Einfacher Holzrahmen mit Schnurbespannung

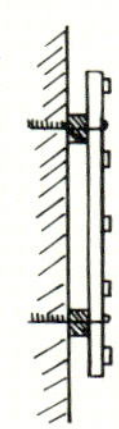

Seitenansicht eines Holzgitters

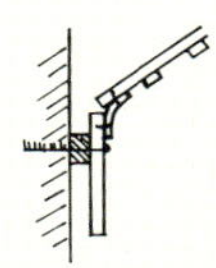

abklappbares Holzgitter

Thunbergia alata an einem Drahtgeflecht.

Praktisch ist auch das sog. Knotengitter, wie es im Forst oder in der Landwirtschaft Verwendung findet. Die waagrecht und senkrecht angeordneten Drähte haben einen Abstand von 33×12 cm. Mit Spannschlössern werden die durchgehenden Drähte straff gespannt und wie die Drahtgeflechte an einem Holz- oder Metallrahmen befestigt.

Baustahlgewebe
Stabiler als die angeführten Drahtkonstruktionen ist sicherlich ein Gitter aus Baustahlmatten. Im Baustoffhandel werden alle möglichen Größen und Stärken angeboten. Grundsätzlich unterscheidet man zwischen rechteckigen (Maschenweite 10×20 cm, Bezeichnung R) und quadratischen Feldern (Maschenweite 15×15 cm, Bezeichnung Q); die Drahtstärke sollte für unsere Zwecke 4–6 mm betragen. Man läßt sich eine Matte auf die gewünschte Größe schneiden und nach Möglichkeit verzinken. Dies verlängert zwar die Lieferzeit, aber auch die Haltbarkeit.
Wer nicht so lange warten möchte, muß die Drähte erst entrosten und dann mit einem Schutzanstrich versehen.
Rostprimer und Eisenlacke sind für diese zeitraubende Tätigkeit die richtigen Mittel. Die fertig behandelten Matten hängt man an zuvor mit Dübeln im Mauerwerk fest verankerten Mauerhaken auf.

Eine noch stabilere Befestigung erzielt man allerdings durch die Verwendung spezieller Halterungen, die normalerweise zur Anbringung von Blitzableitern benützt werden. Die T-förmigen, verzinkten Dorne werden in die Wände eingeschlagen, eventuell auch mit Dübeln befestigt. Speziell geformte Laschen halten das Gitter fest.
Man achte bei der Anbringung auf eine gleichmäßige Entfernung von der Wand (etwa 8–10 cm). Die Entfernung der Halterungen voneinander kann etwa 1 Meter betragen.

Kletterrosen an einem Baustahlgewebe.

Kletterpflanzen in Gefäßen

Im allgemeinen pflanzt man Kletterpflanzen direkt neben die Hauswand in den vorhandenen, aber verbesserten Boden. Bei Terrassen- oder Dachgärten ist dies oft nicht möglich, weil die Humusstärke dafür nicht ausreicht.

In solchen Fällen setzt man die Kletterpflanzen in möglichst große Gefäße, in denen sie ihr weitreichendes Wurzelwerk entwickeln können. Man verwendet dabei keine stark wachsenden Arten, wie Schlingknöterich oder Glyzine, sondern begnügt sich mit schwächer wachsenden Arten der Waldrebe, des Geißblatts oder der vielen einjährigen Kletterpflanzen. Als mobiler Sichtschutz hat sich der Efeu in seinen vielen Formen hervorragend bewährt. Immergrüne Gewächse wie dieser benötigen nicht nur im Sommer, sondern auch im Winter an frostfreien Tagen eine Kanne Wasser, wenn sie den Winter ohne Schaden überstehen sollen.

Pflanzen in Gefäßen benötigen überhaupt viel mehr Pflege als die gleichen Arten im anstehenden Erdreich. Wässern und wöchentliche Düngegaben während der Vegetationszeit sollten daher nicht vergessen werden.

Eigentlich eignen sich Gefäße aller Art für Kletterpflanzen, wenn sie nur genügend Erdsubstrat aufnehmen können. Holzgefäße halten allerdings nur eine begrenzte Zeit und sollten immer wieder einen Anstrich erhalten. Günstig sind großräumige Gefäße aus Faserzement oder Beton.

Behälter aus Faserzement (Markennamen Eternit oder Fulgurit) bestanden noch vor wenigen Jahren vorwiegend aus Asbestfasern und Zement. Wegen der krebsfördernden Eigenschaften des Asbests wurde die Produktion auf andere, ungefährlichere Stoffe umgestellt. Gefäße aus Faserzement sind aber nach wie vor gegen Schlag und Stoß empfindlicher als glasfaserverstärkte Kunststoff- oder Betoncontainer. Ein geringes Gewicht haben die Gefäße aus Kunststoff sowie die Elemente aus Faserzement. Standfester sind wiederum die Betongefäße.

Wählen Sie also die Behälter so aus, daß sie für Ihren Zweck am geeignetsten sind. Bei vielen neueren Bauten mit Dachterrassen sind entsprechende Pflanzgefäße schon als Brüstungselemente eingebaut. In den meisten Fällen passen diese Elemente auch in Form und Farbe zum Charakter des Hauses.

Thunbergia alata.

Sichtschutzkasten mit Hedera.

Achten Sie auf alle Fälle darauf, daß das Wasser in den Gefäßen abfließen kann. Abzugslöcher dürfen nicht von Humusteilchen verstopft werden können. Man gibt daher als erste Schicht eine etwa 5 cm starke Lage aus Blähton oder Grobkies in den Behälter. Damit die Dränage auch wirksam bleibt, sollte eine Lage Filtervlies (z.B. Terra-Tel) darübergelegt werden.

Nun kann das eigentliche Erdsubstrat eingebracht werden. Für die meisten Kletterpflanzen hat sich eine mit Torf versetzte Gartenerde gut bewährt. Im Handel findet man mit Volldünger versehene Gemische aus Torf und Ton, die sich für diesen Zweck gut eignen (z.B. Einheitserde ED 73, TKS II oder Floraton 2). Die genannten Gemische sind für Starkzehrer geeignet und brauchen erst nach einigen Monaten nachgedüngt zu werden.

Pflanzung und Pflege

Die Pflanzung

Ist alles soweit vorbereitet, kann die eigentliche Pflanzung erfolgen. Das Substrat wird in die Behälter fast bis zum Rand eingefüllt.
Die ausgewählten Pflanzen werden heutzutage immer mit Topfballen geliefert. Sie sollten nun vom Topf befreit werden, indem man die Pflanze umdreht und den Topfrand auf einem Gegenstand (z.B. einer Tischkante) aufstößt. Meist läßt sich der so gelockerte Topf nun leicht abnehmen.
Trockene Wurzelballen müssen vor der Pflanzung eine halbe Stunde in einen Eimer mit Wasser gestellt werden, damit sie später auch das Gießwasser aufnehmen können. Wichtig ist auch, das verwendete Erdsubstrat vor der Verwendung anzufeuchten.
Die Pflanze kommt dann so weit in die Erde, daß die Oberkante des Erdballens etwa 2–3 cm unterhalb des Gefäßrandes bleibt, wird dann angedrückt und das Gefäß so weit mit Erde aufgefüllt, daß noch etwa 1 cm Gießrand verbleibt. Nach der Pflanzung wird alles gut angegossen, je nach Witterung wiederholt man das Angießen nach 3–5 Tagen.
Damit die jungen Pflanzen auch in die gewünschte Richtung wachsen, bindet man die einzelnen Erdtriebe am Rankgerüst an. Natur- oder Kunstbast ist dafür geeignet.

Pflege

Gießen: Die Pflege der meisten Kletterpflanzen ist problemlos, wenn sie in den anstehenden, aber verbesserten Boden gepflanzt werden können. Sie werden nach der Pflanzung angegossen. Im Sommer benötigen sie etwa alle 4 Wochen eine Wassergabe, im Winter werden nur die immergrünen Pflanzen gelegentlich gewässert; unter der Dachtraufe stehende Pflanzen sollten öfter gegossen werden.
Viel mehr Aufmerksamkeit benötigen die Pflanzen allerdings, wenn sie in Gefäßen stehen. Dies ist verständlich, denn die in den Pflanzerden vorhandenen Nährstoffreserven reichen nicht jahrelang. Es muß also dauernd gewässert und gedüngt werden. Im Sommer werden die Behälter bei warmem Wetter täglich gegossen, und zwar am besten in den Abendstunden.

Düngen: Einjährige Arten erhalten wöchentlich bis Mitte September eine Düngergabe ins Gießwasser. Die ausdauernden Gewächse sollten nur in der Zeit zwischen Mai und Juli gedüngt werden. Dabei sind 1–2 Gaben Langzeitdünger oder 3–4 Gaben rasch löslicher Volldünger ausreichend.
Beide Düngerarten können als Granulat ausgebracht werden. Dabei streut man die Düngerkörner auf die Erdoberfläche und arbeitet sie leicht ein. Pro Pflanze genügt 1 gestrichener Eßlöffel, dies entspricht etwa 30 g. Höhere Gaben könnten zu Verbrennungen führen.
Bei der Verwendung von organischen Volldüngern sind dagegen Verbrennungen nahezu ausgeschlossen. Meist handelt es sich dabei um Abfälle von Tieren (Blut- und Fischmehl, Haare, Federn, vorwiegend aber Horn- und Knochenmehl). Im Boden müssen diese organischen Substanzen erst von Bodenorganismen abgebaut werden, damit sie der Pflanze zur Verfügung stehen. Die Wirkung dieser Dünger ist daher langanhaltend, auch sind Versalzungen des Bodens ausgeschlossen. Diese Dünger kann man schon im Herbst oder aber im Vorfrühling auf den Boden streuen und leicht einharken. Dann stehen die Nährstoffe den Pflanzen zur Verfügung, wenn sie zur Vegetationszeit benötigt werden. 50 Gramm pro Pflanze oder 150 Gramm für einen etwa metergroßen Kübel wäre bei diesen Düngern angemessen.
Nach dem Düngen sollte man die Pflanzen selbstverständlich immer wässern.

Schnitt: Im allgemeinen benötigen Kletterpflanzen keinen Schnitt, vertragen in der Regel aber einen Rückschnitt sehr gut, wenn sie einmal zu groß geraten sind. Den Schlingknöterich kann man alle paar Jahre radikal zurückschneiden, wenn er zu mächtig geworden ist.
Kletterrosen schneidet man jährlich im Herbst zurück, wobei man die Langtriebe beläßt und nur die Seitentriebe bis auf 2–3 Augen zurücknimmt. Genauso werden auch die Brombeeren behandelt. Nur so kann man diese Gewächse bändigen und

erzielt außerdem im nächsten Jahr eine reiche Blüte.
Nach strengen Wintern trocknen gerade bei diesen Pflanzen immer einige Triebe aus und bieten dadurch Eindringpforten für Schädlinge und Krankheiten. Im Vorfrühling werden deshalb alle abgestorbenen Triebe entfernt. Man verwendet bei diesen Arbeiten immer scharfe Werkzeuge.

Pflanzenschutzmaßnahmen

Läßt man die echte Weinrebe und die Kletterrose einmal außer acht, so braucht man Krankheiten und Schädlinge höchst selten bei Kletterpflanzen zu bekämpfen.
Wenn natürlich eine Pflanze falsch behandelt wurde, zu viel oder zu wenig Wasser oder Dünger erhielt oder am falschen Standort gepflanzt wurde, ist sie eher anfällig für Krankheiten und Schädlinge aller Art.

Krankheiten: Bei Pilzkrankheiten (wie Mehltau, Rost und Grauschimmel) dringen Pilzsporen durch Wunden und Spaltöffnungen in die Pflanze ein. Dort entwickeln sie ein Pilzgeflecht, mit dem sie der Pflanze Nährstoffe entziehen. Besonders bei feuchtwarmer Witterung entwickeln sich Pilzkrankheiten sehr rasch und bilden dann ihre Sporenlager aus, die man als Pilzrasen unterschiedlicher Färbung auf Blättern und Blüten entdeckt.
Weiße Pilzrasen entwickelt der Echte Mehltau, mehr gelbliche Sporenlager dagegen der Falsche Mehltau. Graue Schimmelrasen deuten auf einen Befall durch den Grauschimmel hin, während Rostpilze gelbe bis schwarze Pusteln auf den Rosenblättern bilden.
Die meisten Pilzkrankheiten überwintern mit Dauersporen am Boden, also auch an den abgefallenen kranken Blättern und befallen im Frühling sofort die jungen Austriebe. Eine Bekämpfung ist daher nicht einfach. Vorbeugende Behandlungen mit geeigneten Pilzgiften, den sogenannten Fungiziden (z.B. Saprol, Ronilan oder Euparen) sind daher schon beim Austrieb angebracht. Man sollte sich aber unbedingt strikt an die Gebrauchsanweisungen halten, wenn man Pflanzen mit entsprechenden Mitteln behandelt.

Blattläuse und Schwebfliegenlarve an Rosen.

Tierische Schädlinge: An jungen Trieben und Blättern der Kletterrosen, aber auch an manchen einjährigen Kletterpflanzen, treten immer wieder Blattläuse auf. Diese können sich im Sommer massenhaft vermehren und dabei große Schäden anrichten. Sie stechen die saftigen Pflanzenteile an und saugen den Zellsaft aus. Auf ihren klebrigen Ausscheidungen siedeln sich immer wieder Rußtaupilze an, die Blätter und Triebe schwarz färben können.
Es gibt eine Reihe von Parasiten, die uns im Kampf gegen die Läuse unterstützen. Dazu gehören Marienkäfer, Schwebfliegen und Florfliegen. Wenn wir also diese Nützlinge schützen wollen, dürfen wir nicht beim geringsten Befall sofort zur Giftspritze greifen, es sei denn, man verwendet Mittel wie Pirimor-Granulat, das nur die Läuse vernichtet, andere Insekten aber schont. Dieses praktische Mittel wird in einer Konzentration von 0,5% angewandt, dabei löst man das Granulat in Wasser auf und spritzt die befallenen Pflanzenteile damit.
Immer sei man sich im Umgang mit Pflanzenbehandlungsmitteln bewußt, daß es sich bei ihnen um starke Gifte handelt, die Menschen und Haustiere gefährden können. Das Tragen von Schutzanzügen und Gummihandschuhen bei dieser Arbeit ist daher ganz besonders wichtig.

Die Anzucht der Kletterpflanzen

Die Aussaat

Die **einjährigen Kletterer** werden fast ohne Ausnahmen durch Aussaat vermehrt. Den entsprechenden Samen kann man einmal durch die vorhandenen Kulturen im eigenen Garten erhalten, indem man zum Beispiel von den ersten Feuerbohnenfrüchten einige ausreifen läßt und vor dem ersten starken Frost erntet. In den trockenen braunen Hülsen findet man mehrere lilafarbene Bohnen, die man trocken und frostfrei überwintert. Es ist nicht schlimm, wenn die Samenkörner etwas eintrocknen, nur schimmeln dürfen sie nicht.
Seltenere Kletterpflanzen werden von vielen Samenfachgeschäften oder Versandgärtnereien angeboten. Man bestellt die gewünschten Samen am besten schon im Laufe des Winters, so daß sie noch vor Ende März geliefert werden, denn um diese Zeit sollte man eigentlich schon mit der Aussaat einiger Arten beginnen.
Viele Vorteile besitzt ein heizbares Kleingewächshaus. Aber auch am Fensterbrett lassen sich viele Kletterpflanzen ohne große Mühe heranziehen. Je nach Art und Größe des Samens steckt man 1–3 Körner in einen mit Anzuchterde gefüllten Topf. Die Erde sollte wenig Nährstoffe enthalten, aber humusreich und wasserdurchlässig sein. Fertige Anzuchtgemische gibt es im Handel, gut bewährt haben sich z.B. TKS I, Floraton 1 oder Einheitserde P, die man alle mit 1/3 Flußsand vermischt. Die Anzuchttöpfe sollten etwa 6–8 cm Durchmesser haben, wegen des geringen Gewichts haben sich Kunststofftöpfe gut bewährt.
Vor dem Stecken sollten manche Samenkörner (z.B. die der Bohnen) einige Stunden in lauwarmes Wasser gelegt werden, damit sie quellen können.
Das Substrat darf nie zu trocken sein, aber auch zuviel Feuchtigkeit ist von Nachteil.
Die großen Körner steckt man etwa 2–3 cm, die kleinen nur höchstens 1 cm tief in die Erde. Nach dem vorsichtigen Angießen stellt man die Töpfe ans Fensterbrett und wartet ab. Schon nach wenigen Tagen können sich die ersten Keimlinge zeigen. In diesem Stadium treten aber auch immer wieder Pilzkrankheiten auf. Sollte dies der Fall sein, gießt man die Töpfe mit Chinosollösung.
Viel Licht ist nun für die jungen Pflanzen wichtig, damit sie nicht zu lang werden. Nach 14 Tagen kann man ihnen schon einen Stab zum Halt anbieten. Nach Mitte Mai werden sie dann an ihren endgültigen Platz im Freien gebracht.

Aussaat von mehrjährigen Kletterpflanzen: Bei der Anzucht von Gehölzen aus Samen wird im Grunde ähnlich verfahren, doch keimen Gehölze selten so leicht wie die kurzlebigen Arten. Meist muß man das Saatgut stratifizieren, d.h. in bestimmter Weise vorbehandeln, um keimhemmende Stoffe abzubauen.
Dazu nimmt man ausreichend große Tonschalen oder tiefe Kistchen, versieht diese mit einer Schicht Splitt oder Grobsand, damit der Wasserabfluß gewährleistet ist. Darüber kommt nun eine Schicht Flußsand und darauf eine Lage Samenkörner, die wiederum mit Sand abgedeckt werden. Dies kann man mehrmals wiederholen, bis der Topf gefüllt ist.
Nach dem Angießen senkt man die Gefäße in einen Frühbeetkasten ein und deckt sie mit Erde ab. Da dieser Vorgang im Herbst und Winter stattfinden soll, werden die Samenkörner bis zum Vorfrühling auf die eigentliche Keimung vorbereitet. Keimhemmende Stoffe werden in dieser Zeit abgebaut.
Mitte bis Ende April erfolgt dann die eigentliche Aussaat. Man holt die Töpfe aus dem Kasten und sät die Samenkörner entweder breitwürfig in vorbereitete Kistchen aus oder steckt die Körner in Anzuchttöpfe.
Nie sollte man vergessen, daß jede Art sofort nach der Aussaat ein Namensetikett erhält. Mit wasserunlöslichem Stift oder mit Bleistift notiert man Namen, Datum und Herkunft des Saatguts.
Nach dem Keimen und Erstarken werden die in Kistchen ausgesäten Pflänzchen einzeln in Anzuchttöpfe gesetzt. Die nun verwendete Erde darf schon etwas mehr Nährstoffe enthalten. Licht, Luft und Wärme, aber auch eine regelmäßige Wassergabe aus der Gießkanne sind zum weiteren Wachstum unentbehrlich.

Vegetative Vermehrungsarten von Kletterpflanzen

Ungeschlechtliche Vermehrungsarten haben eine Reihe von Vorteilen: Man bekommt in kurzer Zeit junge Pflanzen, die alle Eigenschaften der Mutterpflanze besitzen.
Dies ist bei der geschlechtlichen Vermehrung nicht immer der Fall. Selbstgezogener Samen kann zwar die gleichen Eigenschaften wie die Mutterpflanze aufweisen, muß es aber nicht.
Aus diesem Grunde bedient sich der Gärtner der vegetativen Vermehrungsmethoden, wenn er eine bewährte Sorte vermehren möchte.
Kletterpflanzen werden vorwiegend durch folgende Methoden vermehrt:

Ableger: Brombeeren oder Winterjasmin bilden viele Langtriebe, die sich bewurzeln, wenn sie längere Zeit auf dem Boden aufliegen. Man trennt die bewurzelten Ranken ab und pflanzt sie an den endgültigen Standort oder in Töpfe zur späteren Pflanzung an Ort und Stelle.

Steckhölzer: Darunter versteht man etwa 20 cm lange, verholzte Stücke von einjährigen Trieben. Neben vielen Blütensträuchern kann man auch Schlingknöterich auf diese Weise vermehren. Man gewinnt die Steckhölzer im Spätherbst, wenn die Blätter abgefallen sind und das Holz ausgereift ist. Mit einer scharfen Schere schneidet man die einjährigen Triebe ab und bündelt sie. 20–30 Hölzer kann ein solches Bündel enthalten. Der Schnitt sollte immer knapp unter einem Auge verlaufen.
Die fertigen Bündel werden in eine mit einer Torf-Sand-Mischung gefüllte Kiste gestellt und frostfrei überwintert. Im April steckt man sie einzeln in ein gut vorbereitetes Anzuchtbeet, und zwar so tief, daß sie nur noch wenige Zentimeter aus der Erde ragen. In der Reihe soll der Abstand zwischen den einzelnen Hölzern 10–20 cm betragen. Im Herbst nimmt man die bewurzelten Pflanzen auf und topft sie ein.
Einfacher ist es, wenn die Steckhölzer im Frühling gleich in einen Topf gesteckt werden. So erspart man der Pflanze einen Verpflanzungsschock und benötigt einen Arbeitsgang weniger.

Krautige Stecklinge: Im Verlauf des Sommers werden nicht zu weiche Triebspitzen der Gehölze abgetrennt und unter einem Auge abgeschnitten. Ein guter Steckling ist etwa 8–10 cm lang. Die unteren Blätter werden entfernt, bevor man ihn in eine Stecklingskiste setzt. Diese enthält eine Mischung aus Torf und Flußsand zu gleichen Teilen. Die Stecklinge werden nun dicht an dicht in diese Mischung gesteckt und vorsichtig angegossen, bevor man die Kiste in den Frühbeetkasten oder das Kleingewächshaus stellt. Viel Wärme und eine mit Feuchtigkeit gesättigte Luft sind zur Bewurzelung notwendig. Wildarten von Waldreben lassen sich auf diese Weise vermehren.
Die langen Triebe von Efeuformen schneidet man in etwa 15–20 cm lange Stücke, steckt sie dann einzeln oder zu dritt in Töpfe, die mit einem Vermehrungssubstrat (z.B. der in jeder Gärtnerei erhältlichen Einheitserde VM) gefüllt sind. Die Bewurzelung erfolgt bei Efeu wesentlich rascher als bei den Waldreben.

Veredelungen: Eine Anzahl von Kletterpflanzen werden in Spezialbetrieben veredelt, d.h., eine Edelsorte wird auf einen Wildling aufgepfropft. Hierbei sind Spezialkenntnisse notwendig, denn jede Pflanzenart erfordert eine besondere Veredelungstechnik. Auch sind heizbare Anzuchthäuser für diesen Zweck unentbehrlich.
Im Rahmen dieses Buches kann auf die Einzelheiten nicht eingegangen werden. Nur soviel sei gesagt, daß Kletterrosen okuliert werden müssen. Dabei wird das Auge einer Edelsorte auf einen sogenannten Wildling gebracht. Edelsorten der Waldrebe werden durch Spaltpfropfung auf Wurzelstücke der wilden Clematis vitalba veredelt, und die selbstklimmenden Sorten der Jungfernrebe vermehrt man durch Geißfußpfropfung im Winter. Diese Arbeiten sollte man aber den Spezialbetrieben überlassen.

Veredelte Jungfernrebe.

Unterschiede der einzelnen Klettersysteme

Jede Pflanze möchte in den Genuß von möglichst viel Licht gelangen, das sie zum Aufbau von Kohlenhydraten benötigt. Die Konkurrenz in den unteren Stockwerken des Waldes ist aber sehr groß. Mit den Kletterpflanzen ist die Natur auf eine Möglichkeit gestoßen, diese Konkurrenz zu überlisten.

Die Wurzeln der Pflanze sind im Boden verankert, aber der Sproß ist lang, dünn und elastisch. Da er sich nicht selbst halten kann, sucht er einen Träger. Im Wald eignen sich hierfür die höheren Bäume und Sträucher, ansonsten alle Gegenstände, die eine senkrechte Richtung aufweisen.

Mit den unterschiedlichsten Haltesystemen befestigt sich der Sproß an seinem Helfer und gelangt auf diese Weise nach und nach in die lichtreicheren Etagen. Dort erst werden die meisten Blätter, aber auch Blüten und Früchte ausgebildet. Doch wie kommt der junge Sproß in diese Höhenregionen? Zunächst spielt die Hinwendung der Pflanze zum Licht (Phototropismus) eine entscheidende Rolle. Der Sproß strebt in die Höhe, bis die Schwerkraft (Geotropismus) zu wirken beginnt. Durch kreisende Bewegungen versucht nun die Sproßspitze, einen Halt zu finden. Spiralartig sucht sie ihre Umgebung in immer größeren Kreisen ab. Ist in der Nähe aber kein vertikaler Gegenstand anzutreffen, so kommt die Sproßspitze durch das stetige Wachstum und das Übergewicht wieder mit dem Boden in Berührung. Von dort aus wird nach einiger Zeit ein weiterer Versuch unternommen, bis ein geeigneter Halt gefunden ist.

Schlinger

Dieser Vorgang ist besonders bei den sogenannten Schlinggewächsen zu beobachten. Schlinger oder Winder sind sehr zahlreich vertreten. Dünne Baumstämme werden von vielen Arten ohne große Mühe umschlungen. Bekannte Vertreter dieser Gruppe sind Waldgeißblatt (*Lonicera*-Arten), Baumwürger (*Celastrus*), Glyzine (*Wisteria*), aber auch Bohne (*Phaseolus*), Zaunwinde (*Calystegia*) und Hopfen (*Humulus*).

Humulus lupulus.

Rechtswindende Wisteria floribunda.

Besonders der Hopfen fällt durch seine außergewöhnliche Winderichtung auf. Er gehört zu den sogenannten Rechtswindern, umschlingt also seine Helfer in Uhrzeigerrichtung. Die meisten anderen Schlinggewächse arbeiten in Gegenrichtung, gehören also zu den Linkswindern.
Stark wachsende Schlinggehölze, wie Geißblatt, Glyzine und besonders der Baumwürger, können ihre lebenden Stützen so umwickeln, daß diese im Laufe der Jahre absterben. Dies geschieht infolge des Dickenwachstums der Bäume, deren Leitungsbahnen auf diese Weise abgeklemmt werden, denn der Schlinger läßt in seinem Würgegriff nicht nach.
Die Nährstoffe, die die Wurzeln der Bäume nach wie vor aus dem Boden holen, fließen dann in andere Stämme und Äste, die dadurch im Wachstum gefördert werden. Es ist daher besser, den Schlinggehölzen ein stabiles Gerüst zu geben.

Spreizklimmer

Jedermann kennt die Brombeere. Am Waldrand werden die Gehölzdickichte oft bis zu 2 m hoch. Manchmal noch länger sind ihre Triebe, die zunächst am Boden entlangkriechen und, sobald irgendein Hindernis auftaucht, daran ein Stück hinaufwachsen. Zufällig vorhandene Ästchen werden als Kletterhilfe benutzt; mit Hilfe der vielen Stacheln oder Stachelborsten an Sproß und Blatt bleibt der Trieb daran hängen. So schiebt sich der Sproß immer weiter in die Höhe, bis keine Hilfe mehr zu finden ist oder das eigene Gewicht ihn wieder nach unten zieht. Häufig werden zum Festhalten auch weitere Triebe der eigenen Pflanze als Halt benutzt.
Zu den Spreizklimmern gehören neben den vielen Brombeerarten auch Winterjasmin und Kletterrosen.

Linkswindende Wisteria sinensis.

Rubus fruticosus im Herbst.

Pflanzt man Spreizklimmer auf eine Mauer, so bilden sich aus diesen Gewächsen herrliche Büsche mit vielen, lang herabhängenden Trieben.
An einer Wand aber sind sie alle auf ein Rankgerüst angewiesen, das möglichst viele waagerechte Sprossen besitzt. Nach der Pflanzung muß man die ersten Triebe aufbinden, später ist kaum noch eine Hilfe erforderlich.
Brombeeren und Kletterrosen benötigen einen jährlichen Rückschnitt der Kurztriebe, wenn sie keine undurchdringlichen Gebüsche bilden sollen.

Haftwurzler

Alle Pflanzen, die sich dieser Gruppe zuordnen lassen, sind wirkliche Kletterpflanzen, denn nur sie können ohne Rankhilfe an allen möglichen Wänden hinaufklettern.

Haftwurzler: Efeu und Kletterhortensie.

Einer der typischsten Haftwurzler ist der Efeu, aber auch die Kletterhortensie und die Klettertrompete bedienen sich der gleichen Methode: An den Sprossen werden immer dann, wenn sie auf einen anderen Gegenstand treffen, Haftwurzeln ausgebildet. Dieser Gegenstand kann der Erdboden oder ein Baum, aber auch eine Hauswand sein.
Aus diesem Grund ist der Efeu einer der besten Bodendecker, der selbst schattige Flächen dicht mit seinen langen Trieben überzieht. Steht den Sprossen ein Hindernis im Wege, so schieben sich die Triebe daran hoch. Dabei spielt es keine Rolle, ob es sich um einen Baumstumpf, einen Felsen oder eine Hauswand handelt. Auf der dem Licht abgewandten Seite bilden sich durch Berührungsreize erst kleine Erhöhungen, dann entstehen daraus die eigentlichen Haftwurzeln. Der Botaniker nennt diese eigenartige und in der Natur seltene Erscheinung negativen Phototropismus.
Bei vielen Aronstabgewächsen, aber auch beim heimischen Zimbelkraut, kann man einen ähnlichen Vorgang beobachten. Nur wachsen bei dem Zimbelkraut ausschließlich die Stiele ins Dunkel, die Früchte tragen. Diese Erscheinung wird erst dann verständlich, wenn man weiß, daß das Zimbelkraut Mauern besiedelt und die Früchte dann in Mauerritzen eine Keimmöglichkeit besitzen.
Der Efeu sondert an den Haftwurzeln einen klebrigen Stoff ab und kann sich dadurch auch an glatten Wänden und Bäumen festhalten. Dies beweisen die vielen begrünten Wände alter Burgruinen und Schlösser, aber auch die grünen Schöpfe vieler alter Bäume.
Eine weitere Eigentümlichkeit des Efeus sei hier erwähnt: Erst im Alter von über 10 Jahren kann er Blüten ausbilden. Meist ist er dann so hoch geklettert, daß die Blüten kaum bemerkt werden. Die Blätter der blühfähigen Triebe sind nun völlig anders geformt. Auch verlieren diese Triebe die Eigenschaft, Haftwurzeln zu bilden. Vermehrt man diese Altersform durch Stecklinge, so erhält man kugelige Büsche, die zwar reich blühen, aber nicht mehr klettern können.

Haftwurzeln der Kletterhortensie.

Rankpflanzen

Sproßranker: Auch unter den rankenden Gewächsen gibt es Selbstklimmer, die in der Lage sind, ohne fremde Hilfe über 10 m hohe Wände zu erklimmen. Das beste Beispiel sind einige Formen der Jungfernrebe, auch Wilder Wein genannt, *Parthenocissus tricuspidata* »Veitchii« und *Parthenocissus quinquefolia* »Engelmannii«. Besonders diese beiden Formen bilden an ihren Sprossen kurze Ranken aus, die am Ende mit Haftscheiben versehen sind. Bei Berührungsreizen wird an diesen Haftscheiben eine Art Klebstoff ausgeschieden, der die Triebe sogar an Fensterglas haften läßt.
Die Sproßspitze sucht immer weiter nach oben zu gelangen, während im unteren Bereich mehr und mehr Haftscheiben die Sicherung übernehmen.
Möchte man einen Sproß entfernen, der auf diese Weise befestigt wurde, ist dies meistens sehr mühsam. Eher passiert es, daß man den Sproß von der Wand abreißt, als daß sich die Haftscheiben lösen. Möchte man also eine Wand von solchen Selbstklimmern reinigen, so erfordert dies einen erheblichen Aufwand, denn man benötigt ein Sandstrahlgebläse oder muß die gesamte Wand nach dem Abtrennen der Haftwurzeln frisch verputzen. Aber diese Maßnahme ist selten erforderlich, denn die grüne Wand, die das Haus umgibt, ist wie

ein zusätzlicher Mantel ein herrlicher Wärmeschutz.
Es gibt weitere Rankpflanzen, die zwar auch Sproßranken, aber keine Haftscheiben ausbilden. Dazu gehören viele Arten aus der Familie der Weingewächse, also auch der echte Weinstock, die Weinrebe. Ihre Sproßranken können sich an allen Ästchen oder auch an Draht festhalten, aber keinesfalls glatte Wände erklimmen. Sie benötigen immer eine Kletterhilfe. Berührt die Spitze einer Sproßranke einen Gegenstand, so bewirkt dieser Berührungsreiz, daß sich die Sproßspitze um den Gegenstand krümmt und ihn dabei mehrmals umschlingt. Die so entstandene Spiralfeder gibt dem Trieb einen ausgezeichneten Halt.

Blattranker: Ähnlich ist die Befestigungsweise der sogenannten Blattranker. Dazu zählt man u.a. die Kürbisgewächse, die Wicken, aber auch viele andere Arten.

Flaschenkürbis mit spiraligen Blattranken.

Dabei sind die Enden der Fiederblätter oder die reduzierte Mittelrippe eines Blattes als Rankorgan umgebildet. Auffällig ist die Bildung von Spiralfedern, bei denen in manchen Fällen die Drehrichtung wechselt, z.B. bei der Gurke, dem Kürbis und anderen Arten. Die Sprosse werden auf diese Weise elastisch und doch so fest aufgehängt, daß selbst starke Winde ihnen nichts anhaben können.

Blattstielranker: Noch eine andere Befestigungsmöglichkeit haben zum Beispiel die Waldreben oder die Kapuzinerkresse gefunden. Ihre Blattstiele sind besonders lang und auch empfindlich gegen Berührungsreize. Gelangt ein Blättchen in die Nähe einer möglichen Kletterhilfe – in der Natur ist dies meist der Zweig eines Strauches – so schlingen sich die Blattstiele einmal um diesen Helfer. Die perfekte Befestigung ist damit gefunden.

Haftscheiben der Jungfernrebe.

Im Garten gibt man Pflanzen dieser Gruppe eine Kletterhilfe aus Drahtgeflecht oder läßt sie an anderen Gewächsen hinaufranken. Dadurch können z.B. Sträucher mehrmals zur Blüte kommen, oder verschiedene Blütenfarben werden miteinander kombiniert. Ein schönes Beispiel wäre, an einem Sauerkirschbusch eine Alpenwaldrebe hinaufklettern zu lassen. Beide Pflanzenarten blühen zur gleichen Zeit im Frühling, und das tiefe Blau der Waldrebe vermischt sich mit dem Weiß der Sauerkirsche. Diese Farbkombination wird sicherlich auch manchen Nicht-Bayern entzücken.

Alle beschriebenen Klettersysteme haben nur ein Ziel: die Sprosse und damit Blätter und Blüten in die lichtreicheren Regionen zu bringen.

Waldrebe mit Blattstielranke.

Nicht winterharte Kletterpflanzen

Unter den vielen tropischen Lianen findet man eine Fülle interessanter Pflanzen, die meist ganzjährig im Zimmer oder im heizbaren Gewächshaus gepflegt werden können. Von diesen Pflanzen soll in diesem Buch nicht die Rede sein. Vielmehr sollen hier solche Gewächse beschrieben werden, die innerhalb weniger Monate aus Samen herangezogen werden und unsere Gärten und Balkone mit ihren Blüten verzieren können.

Diese einjährig gezogenen Arten sterben nach den ersten Frösten im Spätherbst ab. Wenn sie sich in warmen Sommern prächtig entwickelt haben, so werden bei vielen Arten auch Früchte ausgebildet.

Meist handelt es sich dabei um Pflanzen wärmerer Gebiete. In ihrer Heimat sind sie auf bestimmte Tiere angewiesen, die die Bestäubung dort vornehmen. Selten sind diese Tierarten auch bei uns zu finden. Denn manche Arten werden durch Kolibris bestäubt, z.B. der Quamoclit, andere, wie die Glockenrebe, sind auf Fledermausbesuche angewiesen.

So kommt es, daß viele Arten keine Früchte ansetzen. Natürlich kann man versuchen, die Blüten zu bestäuben, indem man mit einem Pinselchen den Pollen auf die reife Narbe überträgt. Hat man Erfolg, so kann man im Herbst seinen eigenen Kletterpflanzensamen ernten. Dieser wird trocken aufbewahrt und im Vorfrühling wieder ausgesät.

Thunbergia-Alata-Hybride.

Adlumia fungosa – Adlumie

Papaveraceae – Mohngewächse

Beschreibung: Dieses zierliche, an Lerchensporn erinnernde Gewächs stammt aus schattigen Auwäldern des östlichen Nordamerika. Dort wird die Pflanze bis zu 4 m hoch, in unserem Klima schafft sie in einem Sommer gerade die Hälfte. Die farnähnlichen Blättchen besitzen am Ende zierliche Ranken, mit denen sie sich an Sträuchern oder Rankgittern festhalten.

Blüte: Die reizenden rosafarbenen Blüten erinnern an Blüten des Erdrauch oder des Lerchensporn, sie stehen in achselständigen Büscheln zusammen und erscheinen von Juni bis August.

Standort: Wie in ihrer Heimat möchte die Adlumie auch bei uns einen leicht beschatteten Platz. Der Boden sollte humos, aber durchlässig sein. Man pflanzt sie entweder in Balkonkästen oder an niedere Sträucher im Garten.

Kultur: Die Aussaat erfolgt im März/August in durchlässige Erde, ab Mitte Mai können die abgehärteten Pflanzen dann ins Freie gepflanzt werden. Möchte man kräftigere Pflanzen erhalten, empfiehlt sich die Aussaat schon im August; dann müssen die Pflänzchen allerdings frostfrei überwintert werden.

Asarina barclaiana

– Asarine,
Maurandie

Scrophulariaceae – Braunwurzgewächse

Beschreibung: Die früher unter dem Namen *Maurandia* bekannten zierlichen Kletterpflanzen sind in Mexiko beheimatet. Sie können sich mit ihren Blattstengeln an zierlichen Gitterwerken oder Gehölzen festklammern und eine Höhe bis zu 2 m erreichen. Die 4–6 cm langen Blätter sind im Grundriß dreieckig bis herzförmig ausgebildet. Die Blüten erscheinen reichlich und werden auch gerne von Insekten besucht.
Blüte: Die 3–4 cm langen Blüten erinnern etwas an die des Löwenmäulchens, es gibt sie in rötlichen, lilafarbenen oder auch weißen Farbtönen. Den ganzen Sommer über erscheinen die Blüten unermüdlich bis zum Frost.
Standort: Nur an warmen Plätzen fühlt sich die Asarina wohl, aber nur selten gleichen unsere Sommer denen in ihrer Heimat. Auf dem Balkon, in Blumenkästen gepflanzt, bildet sie bald ein lockeres Blattgewirr am Rankgerüst. Der Boden sollte nährstoffreich sein, aber nicht überdüngt werden.
Kultur: Bei der Aussaat wäre eine Vorkultur ab März im Haus angebracht. Man gibt 2–3 Samenkörner in einen Topf und fügt bald nach der Keimung einen Stab hinzu. Nach draußen dürfen die Asarinen erst nach den Eisheiligen. In einem 1 m langen Balkonkasten haben 3–4 Pflanzen Platz.
Weitere Arten: Größere Blüten und einen stärkeren Wuchs weist *A. erubescens* auf, die ebenfalls in Mexiko anzutreffen ist. Die rosafarbenen Trichterblüten haben am Schlund hübsche gelbe Bärtchen.
A. scandens unterscheidet sich etwas durch ihre roten Blüten von den genannten Arten.

Asarina barclaiana.

Cardiospermum halicacabum

– Ballonrebe, Ballonpflanze, Herzsame

Sapindaceae – Seifenbaumgewächse

Beschreibung: Diese hübsche Kletterpflanze ist in den Tropenländern weit verbreitet, stammt aber ursprünglich aus dem Süden der USA. Aus den Blattachseln der dünnen Sprosse erscheinen die Ranken, die der immerhin bis zu 3 m hoch werdenden Pflanze den notwendigen Halt geben. Die mehrfach gefiederten Blätter erinnern uns an die Blätter des Buschwindröschens.

Cardiospermum halicacabum.

Blüte und Frucht: Die kleinen, grün-weißen Blüten sind unscheinbar, um so mehr fallen dagegen die ballonartigen, hellgrünen Früchte auf. Ihr Durchmesser beträgt etwa 3–4 cm, die darin enthaltenen Samen sind schwarz und mit einem herzförmigen Gebilde versehen. Daher stammt der Name Herzsame.
Standort: Besonders gut gedeiht die Ballonpflanze an Südwänden oder an einem anderen geschützten Standort. Dort läßt man sie an engmaschigen Gittern hinaufranken.
Kultur: Um Ende Mai genügend große Pflanzen zu haben, muß man die Samen schon Ende Februar am Fensterbrett aussäen. Die Aussaaterde soll torfreich, die Erde am späteren Pflanzplatz durchlässig und nährstoffreich sein.

Cobaea scandens

– Glockenrebe
Polemoniaceae – Himmelsleitergewächse

Beschreibung: In ihrer Heimat Mexiko kann die Glockenrebe immerhin bis zu 12 m hoch werden. In manchen botanischen Gärten ist sie in den Gewächshäusern anzutreffen, wo sie mehrjährig kultiviert wird. Dort erreicht sie dann Höhen zwischen 4 und 5 m. Im Garten wird sie bei einjähriger Kultur nicht höher als 2–3 m. Die gefiederten Blätter enden in einer Blattranke, die bei der Entwicklung schön rot gefärbt ist. Bei zeitiger Anzucht im Frühjahr und guter Pflege entwickelt sich die *Cobaea* rasch zu einer grünen Wand.
Blüte: Die auffallend großen Glockenblüten erscheinen ab Mitte Juli unaufhörlich bis zum Frost. Durch die über 20 cm langen Stiele hebt sich die zunächst grüne, später violettrote Glocke gut vom Untergrund ab. Da sie in ihrer Heimat von Fledermäusen bestäubt wird, setzt sie bei uns selten Samen an. Die Früchte haben die Form einer großen, grünen Eichel und enthalten flache, geflügelte Samen. Gelegentlich kann man in Mußestunden beobachten, wie die Selbstbestäubung abläuft, die diese Art zur Sicherheit vorgesehen hat, wenn kein geeigneter Bestäuber vorhanden war.
Standort: Diese auffällige Pflanze braucht zum optimalen Gedeihen in unseren Breiten einen sonnigen Standort und einen guten, nährstoffreichen Boden. Wie jeder Ranker ist sie auf Kletterhilfen angewiesen. Zäune und Rankgitter werden aber in kurzer Zeit in eine grüne Wand verwandelt.
Kultur: Die Aussaat erfolgt Mitte März in Töpfen, die man ans Fensterbrett stellt. Zur Keimung ist viel Wärme erforderlich, normale Zimmertemperatur ist jedoch ausreichend. Die Keimung der flachen Samen erfolgt unregelmäßig, man benötigt daher viel Geduld. Sobald die Jungpflanzen etwa 20 cm hoch geworden sind, kann man ihnen zur Führung einen Stab anbieten. Bei der Anzucht in Multiplatten kann in diesem Stadium das Umtopfen in etwa 10 cm große Töpfe erfolgen. Ab Mitte Mai kommen sie dann an ihren endgültigen Standort.

Cucurbita pepo var. ovifera

– Zierkürbis
Cucurbitaceae – Kürbisgewächse

Beschreibung: Wer im Garten auf dem Kompost die Riesenfrüchte des Gartenkürbis kultiviert hat, der ist oft überrascht, daß es auch kletternde Zierkürbisarten gibt. Ursprünglich stammt der Kürbis aus dem mittleren Nordamerika, wo in vielen Orten im Herbst ein Kürbisfest gefeiert wird. Jeder Teilnehmer bringt seine größten und originellsten Früchte mit, und in einem großen Umzug wird die Ernte der Öffentlichkeit gezeigt.
Mit Hilfe vieler Ranken klettert der Zierkürbis an Sträuchern oder Rankgerüsten hinauf. Durch die großen, herzförmigen, aber leicht gelappten Blätter eignet er sich für Pergolen, die im Sommer Schatten spenden sollen.
Blüte und Frucht: Die großen, gelben Trichterblüten erscheinen von Juli bis September. Die eigentliche Zierde sind die vielgestaltigen, oft mehrfarbigen Früchte, die ungenießbar sind. Sie ähneln je nach Sorte Eiern, Äpfeln oder einem Turban, manche sind gestreift oder mit Warzen bedeckt. Wer sich einen Spaß erlauben möchte, der ritze in die noch nicht ganz reifen Früchte Zeichen oder einen Glückwunsch ein. Die Wunden verkorken und vergrößern sich, so daß die Zeichen gut erkennbar sind. Mit einem solchen ungewöhnlichen Geschenk kann man sicher viel Freude bereiten.
Standort: Zierkürbisse entwickeln sich prächtig an warmen, also möglichst sonnigen Plätzen. Wenn möglich, sollte man sie an eine Pergola pflanzen, damit ihre Früchte nicht auf der Erde liegen und dort kaum zur Wirkung kommen. Der Boden sollte kräftig, aber humos sein. Eine wöchentliche Gabe Flüssigdünger während der Wachstumsperiode ist unbedingt erforderlich, Wasser natürlich ebenso.
Kultur: Zierkürbisse zieht man aus Samen, die man entweder selbst erntet, oder man

Cucurbita pepo var. ovifera.

Cyclanthera brachystachya.

läßt sich von einer Tüte Zierkürbis-Prachtmischung überraschen. Ganz sicher hat man viel Freude damit.
Am Fensterbrett steckt man die Samen etwa Mitte April in Töpfe, 1–2 Samen pro Topf genügen vollauf. Nach der Keimung erhalten sie bald einen Stab, und ab Mitte Mai pflanzt man sie an den vorgesehenen Standort.

Cyclanthera brachystachya – Explodiergurke
Cucurbitaceae – Kürbisgewächse

Beschreibung: In den meisten botanischen Gärten wird man im Sommer einige rankende Gurkengewächse antreffen, die sich sehr ähnlich sehen. Wohl am bekanntesten ist die Explodiergurke aus den Tropen Südamerikas. Sie wird bei uns etwa 2–3 m hoch und überzieht Klettergerüste sehr rasch mit ihren großen, fast an Ahorn erinnernden Blättern.
Mit ihren Ranken hält sie sich an allen möglichen Gegenständen fest, nur nicht an glatten Wänden.
Blüte und Frucht: Die zierlichen, weißen Blütchen sind recht hübsch, sie trifft man den ganzen Sommer über an. Die Hauptattraktion aber sind die etwa 5 cm langen Früchte, die mit vielen Stacheln versehen sind. Bei der Reife entstehen Spannungen innerhalb der Frucht, und sie platzt auf. Dabei werden die großen, eigenartig geformten Samen fortgeschleudert.
Standort: Wie fast alle Gurkengewächse möchte auch diese Gattung einen warmen, sonnigen Platz zum optimalen Gedeihen. Guter, nährstoffreicher Boden gehört zu den weiteren wichtigen Ansprüchen.

Cyclanthera brachystachya.

Kultur: Die Aussaat im Zimmer kann ab Ende März erfolgen, dann sind die Pflanzen schon groß, wenn man sie nach den Eisheiligen auspflanzt. Hat man keine Möglichkeit zur Vorkultur, so genügt es auch, wenn man die Samen Anfang Mai an Ort und Stelle aussät.
Weitere Arten:
Cyclanthera pedata hat fingerförmige Blätter und gelbliche Blütchen. Die Samen sind etwa 10 mm groß und gleichen in der Form einem Fleischbrettchen.
Nahe verwandt mit diesen hübschen Rankern sind die Haargurke (*Sicyos angulatus*) und die Igelgurke (*Echinocystis lobata*). Die deutschen Namen sind recht treffend gewählt und bezeichnen die Fruchtform am besten. Beide Gattungen zeichnen sich durch stark behaarte Früchte aus. Wuchsform, Blüten und Blätter, aber auch die Kultur entsprechen der Explodiergurke.

Eccremocarpus scaber

– Schönranke

Bignoniaceae – Bignoniengewächse

Beschreibung: Wenig bekannt ist die reizende Schönranke aus den chilenischen Anden. In einem Sommer kann sie bei uns 3–4 m hoch werden, in ihrer Heimat wesentlich höher. Dort ist sie auch mehrjährig, aber unsere strengen Winter behagen ihr nicht. Die Blättchen sind doppelt gefiedert, der Blattstiel endet in einer Ranke.

In kurzer Zeit können sie Spaliere oder Rankgerüste begrünen und uns dazu noch durch ihre reizenden Blüten erfreuen.

Blüte: Die nur 2,5 cm langen, orangeroten Blüten sind röhrenförmig geformt und erscheinen den ganzen Sommer über an endständigen Rispen in großer Zahl. Besonders reich blüht Eccremocarpus an waagrecht gezogenen Trieben.

Standort: Nur sonnige, warme Plätze eignen sich für die Kultur der Schönranke. Klettergerüste, Lauben oder Drahtgeflechte werden rasch begrünt. Zum Pflanzen fügt man der lockeren Pflanzerde angefeuchteten Torf hinzu, damit der Säuregehalt des Bodens heraufgesetzt wird.

Kultur: Wer ein Kleingewächshaus besitzt, sollte die Aussaat etwa Anfang März vornehmen. Die Samen sind sehr fein, 1 Gramm enthält etwa 1200 Korn. Nach dem Auflaufen werden die Pflänzchen pikiert oder gleich in Töpfchen gepflanzt. Erst nach Mitte Mai dürfen sie nach draußen kommen.

Im Gewächshaus könnte man auch einmal den Versuch unternehmen, die Schönranke zu überwintern. Dann blüht sie früher und setzt in warmen Sommern auch Samen an.

Eccremocarpus scaber.

Humulus scandens

– Japanischer Hopfen

Moraceae – Maulbeerbaumgewächse

Beschreibung: Jedermann weiß, daß die Früchte des gewöhnlichen Hopfens bei der Herstellung von Bier eine wichtige Rolle spielen. Diesen Schlinger entdeckt man immer wieder an Hecken und Waldrändern. Die oberirdischen Teile sterben im Herbst ab, doch aus der Wurzel sprießt in jedem Frühling wieder neues Leben, es handelt sich daher um eine Staude.

Der Japanische Hopfen ist aber nicht winterhart, doch sein Wuchs ist nicht weniger kräftig. Sogar an halbschattigen Standorten vermag er in kurzer Zeit dichte grüne Wände zu bilden. Die Blätter sind 3–5lappig und dunkelgrün, wer Spaß an bunten Blättern hat, der besorge sich die Sorte ›Variegatus‹.

Humulus scandens ›Variegatus‹.

Auf Beete gepflanzt, entwickelt der Japanhopfen in kurzer Zeit dichte grüne Matten. Sobald die rechtswindenden Sprosse aber eine Klettermöglichkeit entdeckt haben, geht es rasch bergauf. In kurzer Zeit werden Gerüste zu grünen Wänden, auch auf dem Balkon ist er als Sichtschutz hervorragend geeignet. Man muß dort nur immer wieder für Nachschub der Nährstoffe sorgen.

Blüten: Die unscheinbaren gelblichen Blüten erscheinen an endständigen Rispen von August bis September, selten beobachtet man die grünen Hopfenfrüchte.

Lagenaria siceraria.

<u>Standort</u>: Der Boden sollte nährstoffreich, aber nicht zu trocken sein. In halbschattigen Lagen, aber auch noch im vollen Schatten, vermag der Hopfen alle möglichen Gerüste zu begrünen. Häufiges Wässern und gelegentliche Düngergaben sind vorteilhaft.
<u>Kultur</u>: Eine Aussaat an Ort und Stelle ist ab April möglich. Wer aber die Entwicklung beschleunigen möchte, der sollte die Aussaat Ende März am Fensterbrett vornehmen. Nach der Keimung kann man bald die Pflanzen in etwa 8 cm große Töpfe pflanzen und mit einem Stab versehen. Erst nach den Eisheiligen dürfen die Pflanzen ins Freie kommen.

Lagenaria siceraria – Flaschenkürbis
Cucurbitaceae – Kürbisgewächse

<u>Beschreibung</u>: Der Flaschenkürbis stammt aus den tropischen Zonen Afrikas, doch er ist seit langem in vielen warmen Gebieten verbreitet. Hauptsächlich wird er wegen seiner flaschenartigen Früchte, den Kalebassen, angebaut.
Mit vielen Blattranken hält sich die Pflanze an stabilen Rankgerüsten fest und entwickelt große, herzförmige Blätter. Diese sind weich behaart und ähneln den Blättern der Gurke. Bei guter Ernährung und regelmäßiger Bewässerung kann sie auch als Sichtschutz verwendet werden. Höhe 2–3 cm.
<u>Blüte und Frucht</u>: Die weiße Trichterblüte wird etwa 4–5 cm groß, die Blütezeit erstreckt sich von Juli bis September. Aus den kurzgestielten weiblichen Blüten entwickeln sich je nach Sorte die eigenwillig geformten Flaschenfrüchte. Diese werden in den Tropen gerne als Trinkgefäße benutzt.
<u>Standort</u>: Zur richtigen Kultur benötigt der Flaschenkürbis eine nahrhafte Gartenerde, die mit Torf vermengt wurde. Ein sonniges Plätzchen ist unbedingt erforderlich.
<u>Kultur</u>: Durch eine Vorkultur am Fensterbrett läßt sich die Vegetationszeit wesentlich verlängern. Man legt daher die Samen schon ab Mitte März in mit Einheitserde gefüllte Töpfe. Nach der Keimung bindet man die Triebe an Stäbe, aber erst nach den Eisheiligen dürfen die Pflanzen an den endgültigen Platz gebracht werden.

Lagenaria siceraria.

Lathyrus odoratus – Edelwicke, Duftwicke

Leguminosae – Hülsenfrüchtler

Beschreibung: Die Stammform der bekannten Edelwicke ist in Süditalien und Sizilien anzutreffen. Doch haben die heute angebotenen Sorten kaum mehr etwas mit der Wildart gemeinsam. Die Blumen sind viel größer, die Stiele länger geworden, vor allem aber gibt es sie in allen möglichen Farbtönen. Man unterscheidet Sorten für den Schnittblumenanbauer und andere, die sich für die einjährige Kultur im Freien eignen. Der Gartenfreund greife zu den letzteren und versuche es mit Prachtmischungen, z.B. von den sog. vielblumigen Cuthbertson-Sorten, die eine Höhe von 1–2 m erreichen. Neuerdings sind sogar Zwergformen im Handel, die nicht höher als 50 cm werden und daher für Balkonkästen besonders geeignet sind.
Alle Wicken klettern mit Blattranken, sie benötigen daher Rankhilfen in Form eines Drahtgeflechts, einer Baustahlmatte oder eines Gartenzauns. Die Stengel sind geflügelt und tragen daher auch zur Assimilation bei.
Blüte und Frucht: Die stark duftenden Blüten sind 2–5 cm groß, und bei den neueren Sorten sind 5 und mehr Blüten am Stengel zu finden. Die Blütezeit erstreckt sich von Juni bis September. Edelwicken gibt es heute in allen Farben des Regenbogens, auch zweifarbige Sorten sind bekannt. Früchte bilden sich reichlich, sie ähneln denen der Erbse, sind also Hülsen. Die darin enthaltenen Samen sind kugelrund und etwa 6–7 mm groß.
Standort: Neben dem Balkonkasten eignen sich für die Duftwicke alle warmen und sonnigen Lagen im Garten oder an der Terrasse. Die Erde soll kräftig und humos sein, man darf also mit Nährstoffgaben und Wässern nicht sparen.
Kultur: Die Aussaat erfolgt am einfachsten an Ort und Stelle, dies kann schon im März geschehen, wenn die Erde bereits warm und locker ist. Am Zaun entlang zieht man eine etwa 5 cm tiefe Rille, dahinein legt man alle 5–10 cm 1 Samenkorn und drückt dieses in den Boden. Nach etwa 3–4 Wochen Keimdauer müssen die Pflänzchen angehäufelt werden. Laufender Blumenschnitt regt das Wachstum an und steigert somit auch den Blütenreichtum.

Lathyrus odoratus.

Pharbitis purpurea (syn. *Ipomoea*) – Prunkwinde

Convolvulaceae – Windengewächse

Beschreibung: Aus den Tropenzonen Amerikas stammt die Prunkwinde. Ähnliche Arten, die sich praktisch nur in der Blütenfarbe unterscheiden, kommen in allen Tropenregionen vor.
Sicherlich darf man die Prunkwinden zu den schönsten Schlingern zählen. Die riesengroßen Trichterblüten öffnen sich am Vormittag. Nach wenigen Stunden verfärben sie sich und schließen sich wieder. Nur in warmen Sommern entfalten sie ihre ganze Schönheit. Da man dies aber nicht vorher weiß, sollte man die Anzucht immer wieder vornehmen.
Wie fast alle Windengewächse umschlingt die Prunkrebe alle möglichen Kletterhilfen in kurzer Zeit. Am Anfang der Kultur sollte man die ersten Triebe mit Bast an glatten Bambusstäben anbinden. Die Blätter sind herzförmig geformt und liegen dachziegelartig übereinander, so daß sie auch einen prachtvollen Sichtschutz abgeben. In einem Jahr werden Höhen bis zu 3 m erreicht.
Blüte: Die purpurroten Trichterblüten der amerikanischen Prunkwinde sind 6–7 cm groß. Inzwischen gibt es davon eine Vielzahl von Züchtungen in allen möglichen Farbtönen. Die Blüten erscheinen von Juli bis Ende September und öffnen sich nur in den Morgenstunden. Alles Schöne ist eben vergänglich, doch die Fülle der gebildeten Blüten macht diesen Nachteil wieder wett. Schon die Betrachtung der gedrehten Blütenknospen lohnt sich.

Standort: Am besten gedeihen Prunkwinden an sonnigen, geschützten Plätzen. Man pflanzt sie in größere Gefäße auf den Balkon oder an Rankgitter an der Hauswand. Die Erde soll nahrhaft sein, gute Komposterde mit Torfzusatz ist dafür am besten geeignet.
Anzucht: Man sät die dreikantigen Samen Anfang März im warmen Zimmer aus, am besten gleich 2–3 Korn in Anzuchttöpfe. Erst ab Mitte Mai kommen sie an ihren Freiplatz.

Weitere Arten:
Zu den schönsten Arten zählt *P. nil*, die Japanische Kaiserwinde, mit ihren himmelblauen Riesenblüten. Leider ist sie noch empfindlicher als die Prunkwinde.

Phaseolus coccineus – Feuerbohne

Leguminosae – Hülsenfrüchtler

Beschreibung: Schon über 400 Jahre kennt man die aus Südamerika stammende Feuerbohne in unseren Gärten. Zu ihrer Beliebtheit hat sicher die Tatsache beigetragen, daß die Früchte sehr schmackhaft sind. Nicht vergessen darf man allerdings, daß alle grünen Bohnen giftig sind. Diese Giftstoffe verlieren ihre Wirkung beim Kochen.
Die Feuerbohne gehört zu den rasch wachsenden Schlinggewächsen, denn sie kann in einem Sommer bis zu 4 m hoch werden. Durch die großen, dreizähligen Blätter wird daher ein wirkungsvoller Sichtschutz erzielt, von dem sich die scharlachroten Blütentrauben gut abheben. Alle Arten von Zäunen und Rankgerüsten werden von dieser linkswindenden Art gerne angenommen.
Blüte und Frucht: Die typischen Schmetterlingsblüten erscheinen in großer Zahl von Juli bis September. Neben der scharlachroten Art sind auch weiße oder weißrote Sorten anzutreffen. Nach der Bestäubung entwickeln sich daraus kleine Bohnenfrüchte, die bis zu 30 cm lang werden können. Darin findet man einige große, rosafarbene Bohnen mit schwärzlicher Zeichnung. Wenn man diese trocken überwintert, kann man sie im nächsten Frühjahr wieder zur Anzucht verwenden. Die Ernte der Früchte sollte aber früher erfolgen, wenn die Bohnen etwa 20 cm lang und noch nicht verholzt sind. Im Sommer kann man an jedem 2. Tag die Früchte ernten, die gerade die richtige Reife haben.
Standort: Feuerbohnen eignen sich vorzüglich zur Begrünung von Rankgerüsten und Zäunen aller Art. Selbst in größeren Gefäßen lassen sie sich auf dem Balkon kultivieren. Sonst benötigen sie einen sonnigen bis halbschattigen Platz mit guter Nährstoffversorgung. Man kann damit seinen Kompost beschatten lassen und gleichzeitig die Erde mit Stickstoff anreichern. Bekanntlich leben an den Wurzeln der Leguminosen die Knöllchenbakterien, die den Stickstoff der Luft aufnehmen können.
Kultur: Anfang Mai steckt man die Bohnen in einen Topf. Am Fenster keimen sie in wenigen Tagen. Mitte Mai können die Jungpflanzen nach draußen gepflanzt werden.

◀ *Pharbitis purpurea.*

Phaseolus coccineus. ▶

Quamoclit lobata (syn. *Mina lobata*)
– Sternwinde
Convolvulaceae – Windengewächse

Beschreibung: Dieser rasch wachsende Schlinger stammt aus Mexiko, wo er ausdauernd ist und 5–6 m hoch werden kann. Nur an sonnigen Plätzen in warmen Sommern entfaltet er seine ganze Schönheit, geht aber bei uns nach den ersten Frösten zugrunde. Wegen seiner aparten Blüten und eigenartigen Blätter sollte man aber immer wieder den Versuch unternehmen, Sternwinden bei uns zu kultivieren. Die Blätter sind groß, ihre Farbe variiert von dunkelgrün bis violettgrün. Die Blattform kann man als herzförmig dreilappig bezeichnen. Im Laufe des Sommers werden Wände und Rankgerüste dicht mit Trieben und Blättern überzogen, so daß sie als Sichtschutz sehr gut geeignet sind. Hinzu kommt die Fülle der eigenartigen Blüten.
Blüte: In warmen Sommern erscheinen an langen Wickeln unermüdlich die roten Knospen. Die Farbe wird immer heller, je mehr sich die Blüte öffnet. Im vollerblühten Zustand sind die Blüten dann fast weiß. Dieser auffällige Farbkontrast soll die Blumenvögel in ihrer Heimat zum Besuch einladen. Da diese Bestäuber in unseren Breiten fehlen, kann man kaum die Bildung von Früchten erwarten.
Die Blütezeit erstreckt sich von Juli bis Oktober.
Standort: Am besten gedeihen die Sternwinden an warmen Plätzen. Die Erde soll humos, aber mit Sand etwas durchlässig gemacht worden sein, eine leichte alkalische Bodenreaktion ist vorteilhaft. Zäune und Pergolen werden rasch begrünt, man sollte *Quamoclit lobata* daher auch den entsprechenden Platz zur Verfügung stellen.
Kultur: Auch bei diesem entzückenden Schlinger hat sich die Vorkultur bewährt, die man Anfang März vornehmen kann. Die Aussaat in Töpfen ist praktischer, weil man dadurch das Pikieren spart. Nach Mitte Mai setzt man sie ins Freie.

Weitere Arten:
Quamoclit coccinea fällt durch scharlachrote Röhrenblüten auf, deren Durchmesser 2 cm beträgt. Der Wuchs dieses reizenden Schlingers aus Südamerika ist nicht so kräftig, er eignet sich daher hervorragend für Gefäße auf dem Balkon.

Thunbergia alata
– Schwarzäugige Susanne
Acanthaceae
– Akanthusgewächse

Beschreibung: Dieser reizende, zierliche Schlinger stammt aus Südostafrika, benötigt also auch bei uns viel Wärme zum optimalen Gedeihen. Man kennt etwa 100 Arten, doch wird bei uns vorwiegend nur 1 Art, allerdings mit verschiedenen Blütenfarben, angeboten. Neben weißen und gelben Blüten kennt man hauptsächlich die Art mit den orangegelben Blüten und dem schwarzen Schlund. Sie ist auch besonders hübsch durch diesen Farbkontrast.
Die windenden Triebe erreichen nur die Höhe von 1–2 m, so daß man sie gut für Balkonkästen oder auch als Ampelpflanze verwenden kann. Die Blätter sind herzförmig und lang gestielt. Die Triebe heftet man möglichst bald an ein zierliches Rankgerüst oder einen Zaun.

Thunbergia alata.

Blüte: Die kräftig orangegelben Blüten haben einen Durchmesser von 3–4 cm und heben sich sehr gut vom dunkelgrünen Laub ab. Auffällig ist der schwarze Schlund der Blüten. Die Blütezeit erstreckt sich von Juli bis Oktober und ist bei guter Ernährung und Bewässerung in warmen Sommern besonders reich.
Standort: Der wärmste Platz ist geeignet für diese hübsche Pflanze; Rankgitter an der Südseite des Hauses oder auf dem warmen Balkon sind ideale Standorte. Der Boden sollte durchlässig und humos sein, während des Wachstums ist eine wöchentliche Zugabe von Nährlösung zum Gießwasser angebracht. Fehlt die erforderliche Wärme, etwa in kühlen und nassen Sommern, so kümmern die Pflanzen und bekommen gelbe Blätter.
Kultur: Die Aussaat nimmt man Ende

März bei Zimmertemperatur vor, indem man 2–3 Samenkörner in einen Topf steckt, der mit Aussaaterde gefüllt ist. Nach dem Keimen gibt man einen Stab hinzu und stellt die Pflanzen hell und warm. Erst ab Mitte Mai dürfen sie an den vorgesehenen Platz im Freien. Pflanzen in Gefäßen (Ampeln, Balkonkästen) können auch an hellen, frostfreien Plätzen überwintert werden.

Tropaeolum-Hybriden
– Kapuzinerkresse
Tropaeolaceae
– Kapuzinerkressengewächse

Tropaeolum-Hybride.

Beschreibung: Aus Südamerika stammen die Eltern unserer heute verbreiteten Kapuzinerkressen-Hybriden. An den Züchtungen waren *T. minus, T. majus* und *T. peltophorum* maßgeblich beteiligt. Diese Arten kann man gelegentlich in botanischen Gärten antreffen, es sind alles hübsche und dankbare Kletterer, doch werden sie in Wachstum und Blütenfülle von den Hybriden weit übertroffen. Diese bilden meterlange Bodentriebe, sind also auch gut geeignet als Bodendecker. Sie sollen sogar Blattläuse von anderen Pflanzen fernhalten, obwohl sie gelegentlich selbst von diesen Schädlingen befallen werden.
Die schildförmigen Blätter haben einen Durchmesser von 6–8 cm und sitzen an langen Stielen. Diese wickeln sich um jede Rankhilfe, die ihnen geboten wird. Dabei werden Höhen bis zu 3 m erreicht. Mit dem ersten Frost sterben die Pflanzen ab, die blaugrünen Blätter verfärben sich gelb und leuchten noch einige Tage intensiv auf.

Blüte und Frucht: Die 4–5 cm großen Blüten kann man in allen möglichen Farbvarianten von Rot bis Gelb bewundern. Die fünfteilige Blüte läuft am Grunde in einen Sporn aus, die Blütezeit erstreckt sich von Juni bis Oktober. Die über 1 cm großen Samen sind gekrümmt und bei der Reife gelb. Wenn man sie vor den ersten Frösten erntet, kann man sie im Frühling wieder zur Weiterzucht verwenden.
Standort: An sonnigen und halbschattigen Plätzen entwickelt sich die Kapuzinerkresse zur vollen Zufriedenheit, wenn der Boden genügend Nährstoffe enthält. Zur Blütenbildung sind aber weniger Stickstoffdünger, sondern mehr Kali- und Phosphordünger wichtig. Bei nachlassender Blüte sollte dies also beachtet werden. Neben allen möglichen Plätzen im Garten eignen sich diese Pflanzen auch zur Beschattung von Kompostlagerstätten. Selbst als Balkonpflanze eignet sie sich gut.
Anzucht: Die Aussaat an Ort und Stelle ist einfach. Man legt die Samenkörner Anfang Mai am Grunde der Rankgerüste aus und drückt die Samen in den Boden. Auch eine Vorkultur im Topf ist ab März erfolgreich möglich.

Tropaeolum peregrinum
– Zierliche Kapuzinerkresse
Tropaeolaceae
– Kapuzinerkressengewächse

Beschreibung: Es ist eigentlich schade, daß diese Art aus Peru viel zu wenig bekannt ist, obwohl sie viel besser klettern kann als die auffälligeren Hybriden. Immerhin kann sie in einem Sommer bis zu 4 m hoch werden. Ihre Blätter sind 5–7lappig und nur 3–4 cm groß. Auch die Blüten unterscheiden sich stark von den bekannteren Arten.
Blüte und Frucht: Die Blüte ist etwa 3 cm groß und stark geschlitzt. Bei genauerer Betrachtung erinnert sie an einen schwefelgelben Schmetterling. Von Juni bis Oktober erscheinen die Blüten in reicher Zahl und nehmen auch noch mit halbschattigen Standorten vorlieb. Die Früchte enthalten meist bis zu 3 Samenkörner, fallen aber kaum auf.
Standort: Man nehme diesen hübschen Schlinger und pflanze ihn an Koniferen oder vieltriebige Sträucher. Genauso gut eignet er sich aber auch zur Begrünung von Rankgerüsten an der Terrasse oder gar auf dem Balkon. Im Schatten gepflanzt, bringt er bei guter Ernährung seine Triebe bald in günstigere Lagen und blüht dann überreich. Phosphor- und kalibetonte Dünger sind im Hochsommer angebracht.
Kultur: Die Aussaat sollte Mitte April im warmen Haus erfolgen. Man legt 2–3 Samenkörner in einen größeren Topf mit Anzuchterde und bringt sie zur Keimung. Erst nach den Eisheiligen dürfen die jungen Pflanzen dann an den endgültigen Standort gebracht werden.
Weitere Arten:
T. speciosum stammt aus Chile und ist in milden Lagen winterhart. Es ist aber auch möglich, die knollenartigen Wurzelstöcke im Herbst auszugraben und frostfrei zu überwintern, die Knollen dürfen aber nicht ganz austrocknen. Diese Pflanzen können 3 m hoch werden und zieren besonders durch die vielen scharlachroten Blüten. Hübsch ist auch der Kontrast der roten Sporne mit den blauen Beerenfrüchten. Die Blätter sind 6zählig und etwa 5 cm groß.

Tropaeolum peregrinum.

Sommergrüne Schling- und Kletterpflanzen

Die weitaus meisten ausdauernden Arten, die für unsere Zwecke in Frage kommen, entfalten ihre Blätter im Frühling. Nach den ersten Frösten im Herbst fallen die Blätter ab, oft verabschieden sie sich noch mit einer herrlichen Herbstfärbung. Der Hauptreiz dieser Pflanzen liegt in den herrlichen Blüten, die meist im Laufe des Sommers erscheinen. Auch die Früchte sind vielfach zierend und daher attraktiv.
Diese Gruppe hat folgende Vorteile: Wände und Bäume werden im Sommer beschattet und daher gekühlt. Im Winter ist das Laub verschwunden, die Sonne kann also ungehindert die Mauern aufheizen.

Parthenocissus quinquefolia var. engelmannii.

Actinidia arguta – Strahlengriffel

Actinidiaceae – Strahlengriffelgewächse

Beschreibung: Unter den etwa 25 Arten aus Ostasien ist *A. arguta* sicher am härtesten. Dieser kräftig schlingende Strauch wird etwa 4–5 m hoch und bringt bis zu 12 cm lange Blätter hervor, die sich etwas rauh anfühlen. Mit einer gelben Färbung verabschieden sie sich im Herbst.
Blüte und Frucht: Die etwa 2 cm großen weißen Blüten erscheinen im Juni und fallen durch ihren Duft auf. Bei näherer Betrachtung heben sich die vielen roten Staubgefäße recht gut von den 5 weißen Blütenblättern ab.
Die Frucht ist eine wohlschmeckende, gelbgrüne Beere, die etwa 2,5 cm groß wird. Im Geschmack erinnert sie an eine Feige. Da die Pflanzen zweihäusig sind, müssen weibliche und männliche Exemplare gepflanzt werden, wenn man Früchte erwarten will.
Standort: In warmen Lagen entfalten die Strahlengriffel ihre ganze Schönheit. Der Boden sollte humos und nahrhaft sein, eine Pergola ist notwendig.
Kultur: Die Vermehrung erfolgt durch Aussaat im Frühling, eine Stecklingsvermehrung im Juni und Juli bringt gute Erfolge, wenn man Wuchsstoffe verwendet. Fruchtsorten von *A. chinensis* werden von Spezialbetrieben im Gewächshaus veredelt.

Actinidia chinensis.

Weitere Arten:
A. chinensis, der Chinesische Strahlengriffel, ist besser unter dem Namen »Kiwi« bekannt. Die Triebe sind auffällig rötlich behaart, die duftenden Blüten bis zu 4 cm groß. Die Frucht ist wohlbekannt, bis zu 5 cm groß und wohlschmeckend. Leider fruchtet diese schönste Actinidia-Art nur schwach in unseren Breiten. Nur in ausgesprochenen Weinbaugebieten ist sie hart genug. Halbschattige Standorte und nahrhafte Böden sind günstig.
A. kolomikta fällt besonders durch die roten Blattspitzen auf. Sie wird nur etwa 2 m hoch und bekommt nach der Blüte dunkelblaue, süße Früchte.

Akebia quinata
– Akebie
Lardizabalaceae
– Lardizabalgewächse

Beschreibung: Diese eigenartige Schlingpflanze stammt aus Japan und China und ist leider viel zu wenig bekannt. Sie wächst an geeigneten Standorten sehr rasch und kann bei uns bis zu 5 m hoch werden. In ihrer Heimat bringt sie es auf die doppelte Höhe. Die Blätter sind langgestielt und 5teilig und können sich in milden Gegenden oft noch den ganzen Winter am Strauch zeigen. Wenn man die Pflanzen von Anfang an entspitzt, treiben sie mehrere Sprosse und werden an der Basis nicht so rasch kahl.
Blüten und Früchte: Schon Ende April kann man die purpurbraunen Blüten entdecken, die allerdings in manchen Jahren von Spätfrösten geschädigt werden können. An einer hängenden Traube erkennt man die etwa 3 cm großen weiblichen Blüten zuerst, die männlichen Blüten sind kaum halb so groß und heller gefärbt. In milden Gegenden stellen sich gelegentlich die interessanten Früchte ein, es sind gurkenartige, braunrote, etwa 10 cm lange Beeren, die viele Samen enthalten.
Standort: Man gebe den Akebien möglichst einen geschützten Platz in sonniger oder halbschattiger Lage. Der Boden sollte gut durchlässig, aber humos und nährstoffreich sein. Krankheiten und Schädlinge sind an diesem Schlinger nicht bekannt.
Kultur: Die Vermehrung erfolgt entweder durch Ausläufer oder durch Stecklinge. Bei der Aussaat wäscht man die Samen aus den weichen Früchten aus und stratifiziert sie durch Einlegen in Sand. Erst im Frühjahr erfolgt die Aussaat. Den dünnen Trieben genügt als Halt ein straff gespannter Draht, man kann sie aber auch gut an speziellen Rankgerüsten ziehen.

Akebia quinata.

Ampelopsis aconitifolia.

Ampelopsis aconitifolia
– Scheinrebe, Doldenrebe
Vitaceae
– Weinrebengewächse

Beschreibung: Von den etwa 20 bekannten Arten fällt diese Art besonders durch ihr feingeschnittenes Blattwerk auf, die 5teiligen Blätter sind tief geschlitzt und frisch grün.
Diese schöne Art aus Nordchina wächst bei uns sehr langsam, wird aber immerhin bis zu 4 m hoch. Ampelopsisarten klettern mit sogenannten Wickelranken, also ohne Haftscheiben, und unterscheiden sich von ähnlichen Gattungen durch ihre nicht lösende Rinde.
Blüte und Frucht: Die kleinen, grünlichen Blüten erscheinen im Juli, auffälliger sind aber erst die bläulichen Beerenfrüchte, die bei der Reife orangegelb sind.
Standort: Eigentlich ist den Scheinreben jeder Gartenboden recht, wenn er nur nicht zu sandig ist. Eine Bodenverbesserung mit Torf und organischem Volldünger ist angebracht. Am liebsten stehen sie im Halbschatten, wo ihr herrliches Blattwerk an dickeren Baumstämmen oder großblättrigen Immergrünen aufliegt und daher gut zur Geltung kommt. Eine Rankhilfe ist unbedingt erforderlich, etwa ein Drahtgerüst oder eine Pergola.
Kultur: Die Vermehrung erfolgt durch Steckhölzer im Winter, aber auch durch Stecklinge im Sommer. Auch durch Aussaat können wir diese Arten leicht vermehren.

Weitere Arten:
A. brevipedunculata aus Ostasien hat dreilappige Blätter und wächst wesentlich stärker. Der besondere Schmuck dieser Art sind die Früchte, die gleichzeitig in allen möglichen Farben zwischen grün und violett anzutreffen sind. Die Varietät *maximowiczii* fällt zudem noch durch ihre orangeroten, fünflappigen Blätter im Herbst auf.
A. megalophylla aus Westchina ist ein noch üppigerer Wachser. Auffällig sind die doppelt gefiederten, etwa 50 cm großen Blätter, aber auch der Fruchtschmuck.

Ampelopsis brevipedunculata.

Aristolochia macrophylla
– Pfeifenwinde
Aristolochiaceae
– Pfeifenwindengewächse, Osterluzeigewächse

Beschreibung: Dieser auffällige, rechtswindende Schlinger mit den grünen Trieben stammt aus Nordamerika. Er kann 4–5 m, in günstigen Lagen auch bis zu 10 m hoch werden und bildet mit seinen vielen großen Blättern einen idealen Sichtschutz im Sommer. Die Blätter sind dachziegelartig übereinander angeordnet, in der Form einem Herz ähnlich, und jedes bis zu 30 cm lang.
Blüte und Frucht: Die bräunlichgrünen, pfeifenartig gebogenen Blüten sind meist von den Blättern verdeckt. Sie erscheinen schon im Juni. Noch seltener trifft man die etwa 10 cm lange, gurkenartige Kapselfrucht an, deren Samen in unseren Breiten selten zur Reife kommen.
Standort: Für die kräftig wachsenden Pfeifenwinden ist natürlich ein gut mit Nährstoffen versorgter Boden richtig. Am schönsten entwickeln sich die Pflanzen an halbschattigen und sogar schattigen Hauswänden. Ein stabiles Rankgerüst ist allerdings Voraussetzung, auch dickere Bäume werden gerne umschlungen.
Kultur: Am besten gelingt die Vermehrung durch Stecklinge, die von Mai bis September geschnitten werden können. Auch Ableger sind möglich. Dazu legt man die Triebe einfach in flache Rillen auf den Boden, den man vorher mit Sand und Torf vermagert hat. Bis zum Herbst haben sich dann diese Triebe bewurzelt und können abgetrennt werden. Wenn man Samen erhält, ist natürlich auch eine Aussaat möglich.

Aristolochia macrophylla.

Besonderes: Weitere Verwandte sind vor allem in den Tropen anzutreffen. Diese sind allerdings nicht winterhart, fallen aber durch ihre herrlichen, großen Blüten auf.

Campsis radicans
– Trompetenblume
Bignoniaceae
– Trompetenbaumgewächse

Beschreibung: Die hier aufgeführte Art stammt aus Nordamerika, sie ist für unser Klima besser geeignet als die chinesische Art *C. grandiflora*. Dennoch sollte man diesen herrlichen Kletterer nur an warmen, geschützten Plätzen vorsehen. Die hellbraunen Triebe klettern ähnlich wie der Efeu mit Haftwurzeln, brauchen aber in den ersten Jahren doch eine kleine Hilfestellung. Bei geeignetem Standort wird die Pflanze immerhin bis zu 10 m hoch.
Die Blätter sind gefiedert und haben 7–11 eiförmig zugespitzte Einzelblättchen.
Blüte und Frucht: Die herrlichen, tief orangefarbenen Trichterblüten werden 5–7 cm lang. Sie erscheinen in Büscheln bis zu 12 Stück von Juli bis September. Allerdings darf man nach der Pflanzung nicht die Geduld verlieren, denn erst nach 6–8 Jahren sind die ersten Blüten zu erwarten.
Selten stellt sich die Frucht ein, es ist eine längliche, ledrige Kapsel, die viele, flach geflügelte Samen enthält.
Standort: Diese Kletterpflanze ist also nur für sonnige und daher warme Plätze geeignet. Besonders schön blüht sie in warmen Sommern. Der Boden sollte mit Nährstoffen gut versorgt, aber nicht überdüngt sein. Tiefgründige, lehmig-humose Gartenböden sind ideale Voraussetzungen für ein gutes Gedeihen dieser herrlichen Pflanzen.
Kultur: Am einfachsten geschieht die Vermehrung durch Ableger. Am Boden niedergelegte Triebe bewurzeln sich recht gut. Der Gärtner vermehrt *Campsis* meist durch Wurzelschnittlinge im Herbst, aber auch die Aussaat bringt Erfolge. Da die Pflanzen am besten an den einjährigen Trieben blühen, empfiehlt sich ein jährlicher Rückschnitt der abgeblühten Triebe im Frühjahr bis auf 3 Augen.

Weitere Arten und Hybriden:
C. x tagliabuana hat noch größere Blüten, ist aber leider nicht so hart wie *C. radicans*.

Celastrus orbiculatus
– Baumwürger
Celastraceae
– Spindelstrauchgewächse

Beschreibung: Wer etwas Besonderes im Garten haben möchte, der pflanze diesen kräftig wachsenden Schlinger mit dem furchteinflößenden Namen. Sicherlich trägt er diesen Namen zu Recht, denn er ist schon in der Lage, jüngere Bäume mit seinen rechtswindenden Trieben so zu umschlingen, daß diese Bäume mit der Zeit absterben. In den meisten Fällen findet aber in der Natur ein Wettlauf statt. Der umschlungene Baum wird unterhalb der Würgestelle nun stärker austreiben und auf diese Weise die Gefahr abwehren.
Der Baumwürger schlingt sich bis in Höhen von 12 m hinauf. Die rundlich zugespitzten Blätter verfärben sich im Herbst und zieren durch ihr strahlendes Gelb. Nicht vergessen sollte man, daß dieser Ostasiate in allen Teilen giftig ist.
Blüte und Frucht: Die Pflanze ist im allgemeinen zweihäusig, gelegentlich kommen aber auch Pflanzen mit zwittrigen Blüten vor, die bis jetzt nur von der Firma Hillier in Südengland angeboten werden. Um Früchte zu erhalten, müssen sonst immer weibliche und männliche Exemplare angepflanzt werden.
Die Blüten sind unauffällig blaßgrün und erscheinen im Juni. Die Hauptzierde bilden allerdings die zweifarbigen Früchte, die in Mengen erscheinen und bis zum Januar am Strauch einen Blickfang darstellen. Die erbsengroße, gelbe Fruchthülle springt im Herbst auf, und die roten Samen kommen zum Vorschein.

Celastrus orbiculatus.

Standort: An den Boden und die Lage stellt der Baumwürger keine großen Ansprüche. Am besten fruchtet er allerdings in sonniger Lage. Es ist eine ideale Pflanze für stabilere Rankgerüste und Pergolen. Lichtmasten und ältere Bäume werden gut begrünt, wenn man als Kletterhilfe Drähte anbietet.

Kultur: Eine Aussaat ist möglich, aber nicht sinnvoll, weil man das Geschlecht erst nach einigen Jahren bestimmen kann. Man sollte allein Wurzelschnittlinge von zwittrigen Pflanzen verwenden.

Clematis – Waldrebe

Ranunculaceae – Hahnenfußgewächse

Zu den beliebtesten Kletterpflanzen gehören die Waldreben. Mit ihrem lockeren, eleganten Wuchs und den herrlichen Blüten sind sie auch im kleineren Garten unentbehrlich. Die meisten der über 200 Wildarten kommen in den nördlich gemäßigten Gebieten der Erde vor, nur wenige stammen aus den Tropen. Daraus kann man schließen, daß sich viele Arten für unser Klima eignen. Ein Schwerpunkt der Verbreitung liegt in China, aber auch in Nordamerika kommen mehrere Arten vor. Nicht nur die Wildarten, sondern auch viele Gartenhybriden haben wir diesen Ländern zu verdanken.

Beschreibung

Vom Wuchstyp kann man die Gattung *Clematis* in mehrere Gruppen einteilen. Neben nichtkletternden Stauden und Halbsträuchern unterscheidet man schwach wachsende, mittelstark und stark wachsende Klettersträucher. Alle diese Wildarten besitzen kleine, aber herrlich geformte Blüten, die in Mengen erscheinen. Sie sind blühsicher und anspruchslos, aber auch winterhart und gedeihen selbst noch in Industriegebieten zufriedenstellend.

Anspruchsvoller sind die großblumigen Gartenhybriden. Einige Sorten entwickeln Blüten bis zu 20 cm Durchmesser. Nur wenige sind so üppige Blüher wie die Wildarten. Man kann sich aber an der Vielfalt der Formen und Farben begeistern. Mancher Gartenfreund ist aus diesem Grund schon zum Sammler von Clematis geworden, wenn er den notwendigen Platz besaß.

Die Waldreben können je nach Art und Sorte bis über 10 m hoch ranken. Ihre Blattstiele reagieren auf jeden Berührungsreiz, indem sie sich um den berührten Gegenstand wickeln. Dünnen Zweigen, Zäunen oder Rankhilfen wird dabei der Vorzug gegeben. Die Blätter sind gegenständig angeordnet, sie können einfach, aber auch unpaarig gefiedert sein. Die Einzelblättchen fallen im Herbst ab, nicht aber die Blattstiele. Durch diese Haltepunkte gesichert, schiebt sich der Sproß immer mehr in die Höhe. Der später verholzende Sproß besteht aus vielen Einzelsträngen und ist daher stabil und elastisch zugleich.

Standort

Da die Waldreben von Natur aus Waldpflanzen sind, gebe man ihnen auch im Garten ähnliche Standorte wie in der Natur. Dies bedeutet, daß der Wurzelraum im Schatten liegen sollte, den Sprossen aber Gelegenheit gegeben wird, ans Licht gelangen zu können. Wir pflanzen daher die Wildarten in einen gut vorbereiteten, mit Humus versorgten, kalkhaltigen Gartenboden. Vor allem meide man Südseiten einer Hausfront und schütze den Pflanzplatz durch Bodendecker oder niedere Sträucher vor zu starker Sonneneinstrahlung. Triebe und Blätter können aber Sonne ganz gut vertragen.

Bei den Hybriden muß die Pflanzstelle noch sorgfältiger vorbereitet werden. An einer Wand graben wir in 40 cm Abstand ein 40 cm tiefes Pflanzloch, lockern die Sohle auf und sorgen für einen Wasserabzug in Form einer Dränage. Mit viel Humus (Lauberde, feuchtem Torf, verrottetem Rindermist) wird der vorhandene Gartenboden verbessert. Auch Zugaben von altem Kalkmörtel haben sich bewährt.

Die Pflanzung erfolgt am besten im Frühling mit Topfballen. Man setzt diesen aber möglichst weit weg vom Haus und auch etwa 10 cm tiefer als sonst üblich. Der Wurzelhals muß also tief in den Boden kommen; denn an ihm sollen sich später weitere Wurzeln bilden. Auch hier ist es wichtig, daß die Pflanzstelle mit Torf oder anderen organischen Materialien abgedeckt wird. Eine zusätzliche Beschattung durch Kleingehölze ist ratsam.

Gelegentliche Wasser- und Nährstoffgaben dürfen nicht vergessen werden. Die gefürchtete Clematiswelke soll nach Ansicht einiger Wissenschaftler vorwiegend auf Wassermangel zurückzuführen sein. In trockenen Zeiten im Sommer wäre eine Wässerung alle 2–3 Tage und eine wöchentliche Düngung angebracht.

Kultur

Die Anzucht aus Samen ist nicht schwierig, wenn man Wildarten vermehren möchte, nur die Beschaffung seltener Arten ist nicht einfach. Die Ernte erfolgt im späten Herbst, die Aussaat nehme man sofort vor, sie ist aber auch noch im März möglich. Ein Torf-Sand-Gemisch mit Lehmzusatz ist dafür gut geeignet. Mit der gleichen Mischung deckt man die Samen ab, so daß die fedrigen Samenschweife nicht mehr zu sehen sind.

Die Saatgefäße kann man ruhig der winterlichen Witterung aussetzen, im Frühjahr erfolgt dann die Keimung. Nach dem ersten Pikieren wird bei weiterem Wachstum in nahrhaftere Erde getopft, nicht versäumen darf man das Anbringen von Stäben. Mehrtriebige Pflanzen erhält man durch einen kräftigen Rückschnitt der starken Jungpflanzen im Frühling.

Der Gärtner vermehrt im Frühsommer manche Waldrebenwildarten auch durch Stecklinge von im Gewächshaus angetriebenen Mutterpflanzen. Edelsorten werden in Spezialbetrieben im Winter durch seitliches Anplatten oder Spaltpfropfung auf *Clematis vitalba* veredelt. Diese Vermehrungsart erfordert neben den entsprechenden Kultureinrichtungen auch viel Erfahrung und kann dem Gartenfreund nicht empfohlen werden.

Schnitt

Die Wildarten braucht man eigentlich nicht zu schneiden, es sei denn, man möchte die Pflanze anregen, mehr Triebe aus der Basis zu treiben. Die meisten Arten vertragen einen Schnitt im März – April recht gut und treiben anschließend kräftig aus. Frühblühende Arten wie *C. montana* sollte man direkt nach der Blüte zurückschneiden.

Edelsorten erfordern einige Überlegung beim Schnitt: Frühblühende Hybriden blühen am Holz, welches im Vorjahr gebildet wurde, ein Regulierungsschnitt ist deshalb nur nach der Blüte sinnvoll. Spätblüher bilden die Blüten am jungen Holz aus, sie können, ja sollen vor dem Austrieb im Vorfrühling scharf zurückgeschnitten werden.

Blüte und Frucht

Was wir an den Clematisblüten bewundern, also die vielfältige Formen- und Farbenpracht, sind eigentlich bunt gefärbte Kelchblätter, während die eigentlichen Blumenblätter fehlen. Man kann dies auch bei anderen Blütenpflanzen aus der gleichen Familie beobachten. Bezeichnen wir daher diese farbigen Kelchblätter als Blütenblätter.

Die meisten Waldrebenblüten sind vierzählig, die Hybriden können dagegen wesentlich mehr Blütenblätter aufweisen. Die Staubgefäße sind meist gelb gefärbt und sehr zahlreich. Sie bilden einen hübschen Kontrast zu den Blütenblättern.

Die Blütenform ist entweder sternförmig oder glockig, die Früchte bilden fedrige Schweife aus, die einen zusätzlichen Schmuck im Herbst darstellen.

Clematis viticella.

Wichtige und bewährte Wildarten

Schwach wachsende Arten

Clematis alpina, die Alpenwaldrebe, stammt aus unseren Bergwäldern und wird etwa 2–3 m hoch. Die blauen Blüten sind nickend und erscheinen in großer Zahl im Mai und Juni. Man soll sie über Felsen kriechen oder in Koniferen hochwachsen lassen. Ein besonderer Kontrast ergibt sich, wenn man sie als Begrüner von Sauerkirschen verwendet.

Clematis macropetala ist der Alpenwaldrebe sehr ähnlich; sie stammt aus Nordchina, und ihre Blüten erscheinen gefüllt. Der Wuchs ist etwas stärker. 3 m werden erreicht.

Clematis orientalis stammt aus Südostrußland, wird aber auch schon in der Ägäis angetroffen. Sie besticht durch die vielen gelben Blüten, die erst im August–September erscheinen. Sie kann bis zu 5 m hoch klettern, herrlich sind die fedrigen Früchtchen. Wegen ihrer runden Blütenform wird sie auch »Orangenschalenwaldrebe« bezeichnet.

Clematis serratifolia aus Korea ist der vorigen sehr ähnlich, wächst aber schwächer, auch sind ihre gelben Blüten nur etwa 3 cm groß. Die Staubfäden sind bräunlichrot gefärbt. Blüten und Früchte erscheinen reichlich. Man kann sie zu blauen Sommerblühern, wie Sommerflieder oder Bartblume, pflanzen.

Clematis tangutica.

Clematis tangutica blüht ebenfalls gelb, doch ihre Blüten erinnern an nickende Laternen von 5–6 cm Länge. Die vielen Blüten erscheinen schon im Juni, aber den ganzen Sommer über ist mit einer Nachblüte zu rechnen. Im Herbst kann man daher Blüten und Früchte zu gleicher Zeit bewundern. Die Triebe erreichen 4–5 m Höhe und lassen sich recht gut an Pergolen oder älteren Sträuchern ansiedeln.

Clematis viticella, auch als Italienische Waldrebe bekannt, wird nur 3–4 m hoch. Mit ihren dünnen Blattstielen hält sie sich am besten an Drahtgerüsten oder vieltriebigen Sträuchern fest. Die etwa 4 cm großen Blüten erscheinen im Juni-Juli, die Farbe ist violettpurpur. Die Früchte sind ungefiedert, fallen also kaum auf. Von ihr stammen manche schöne Hybriden ab, die reichblühend und gesund sind (z.B. ›Ville de Lyon‹).

Stark wachsende Wildarten

Clematis maximowicziana, eher bekannt als *C. paniculata*, stammt aus Ostasien und kann bis zu 8 m hoch werden. Die graugrünen, abgerundeten Blättchen bilden einen guten Kontrast zu den vielen weißen Blütchen, die erst im September erscheinen und angenehm duften. Noch farbenprächtigere Gartenbilder kann man schaffen, wenn man diesen Spätblüher zu Gehölzen pflanzt, die eine rote Herbstfärbung bekommen. Ein warmer, sonniger Stand ist günstig für die Entwicklung dieses schönen Kletterers.

Clematis montana, die Bergwaldrebe, stammt aus dem Himalaja. Sie wird wohl von allen Wildarten am häufigsten ange-

Clematis montana.

pflanzt. In wenigen Jahren kann dieser ungestüme Wachser in etwa 10 m hohe Baumkronen hinaufklettern oder ganze Hauswände beranken. Am besten gedeiht diese hübsche Pflanze an sonnigen Stellen. Die eigentliche Wildform mit den weißen Blüten sieht man selten, gepflanzt werden fast ausschließlich rosablühende Formen wie *C. montana* ›Rubens‹. Die Hauptblütezeit liegt im Mai und Juni, die 4 abgerundeten Blütenblätter sind sternförmig ausgebreitet und etwa 6 cm breit. Die Pflanze blüht im Frühling so überreich, daß man das zierliche Laubwerk oft nicht mehr erkennen kann.

Eine Anzahl von weiteren Gartenformen können auch mehr als 4 Blütenblätter und auch andere Farbtöne aufweisen.

Clematis vitalba, unsere einheimische Echte Waldrebe, ist ein solch kräftiger

Clematis montana ›Rubens‹.

Wachser, daß wir ihn nicht in den Garten holen sollten. In größeren Parks wird diese Art gelegentlich zu sehen sein, wenn ältere Gebäude oder Bäume rasch mit einem grünen Mantel bedeckt werden sollen.
Besonders häufig trifft man diese Waldrebe an Waldrändern an, wo sie Bäume und Sträucher, aber auch den Boden dicht mit ihren Trieben bedeckt. Die weißen, kleinen Blüten erscheinen in Mengen im Juli und August. Daraus entwickeln sich im Herbst eine Fülle fedriger Fruchtstände, die in der Herbst- und Wintersonne herrlich aufleuchten. An den Boden stellt sie keine besonderen Ansprüche.

Großblumige Clematis-Hybriden
Diese wirklich auffallenden Sorten sind im Laufe von vielen Jahrzehnten aus den Wildarten herausgezüchtet worden. Meist waren mehrere Kreuzungspartner beteiligt, die in vielen Fällen gar nicht mehr bekannt sind.
Es ist daher sinnvoll, die Hybriden nach der Blütezeit einzuteilen, da sich auch die Schnittmaßnahmen danach richten sollen.

Frühe Blütezeit:
Mai–Juni, Nachblüte bis September
Ein eventuell notwendiger Schnitt der nachstehend aufgeführten Sorten ist sofort nach der Hauptblütezeit auszuführen. Der dann erscheinende Austrieb reift noch aus bis zum Herbst. Die Blütenknospen für das kommende Jahr werden an diesen Trieben gebildet.
BARBARA DIBLEY: violettrote Blüten mit karminrotem Mittelstreifen und rotbraunen Staubgefäßen. Blütendurchmesser 12–18 cm, erreichbare Höhe 2,50–3 m.
H.F. YOUNG: Blüten mittelblau mit 8 Blütenblättern und rahmweißen Staubgefäßen. Sie ist sehr reichblühend, und der Durchmesser beträgt 12–18 cm. Höhe 3 m.
LINCOLN STAR: Blüten dunkelrosa mit hellerem Rand und dunkelroten Staubgefäßen. Die 8 schmalen Blütenblätter werden etwa 13–15 cm im Durchmesser, Höhe 2 m.
NELLY MOSER: bekannte und wichtige Sorte mit bis zu 20 cm großen Blüten. Die Farbe ist hellviolettrosa mit karminrotem Mittelstreifen, auffällig heben sich davon die roten Staubgefäße ab. Höhe 2,50 bis 3,50 m.
In halbschattigen Lagen bleicht die Blütenfarbe nicht aus.
THE PRESIDENT: Die Blüten sind dunkelblau mit auffälliger hellerer Unterseite und braunen Staubgefäßen. Der Durchmesser beträgt 15–18 cm, die Blüte kann am vorjährigen und am diesjährigen Holz gebildet werden. Die Höhe beträgt 3–4 m.
VYVYAN PENNELL: besonders gut gefüllte, wüchsige Sorte mit lilaroten Blütenblättern von 15–18 cm Durchmesser.
Im Herbst werden einfache Blüten gebildet, Höhe bis 3,50 m.

Clematis-Hybride ›The President‹.

Mittlere Blütenzeit:
Ende Juni und Juli, Nachblüte bis Oktober
Die Blüten werden auch am vorjährigen Holz gebildet, außerdem erscheinen im Frühjahr neue Triebe, die dann im Herbst zur Blüte kommen; ein Rückschnitt ist eigentlich nicht notwendig.
ELSA SPÄTH: tief violettblaue Blüten mit purpurnen Schattierungen, Durchmesser bis zu 18 cm. Die Staubgefäße sind violettrot, Höhe 2–3 m.
HENRYI: Die weißen Blüten schimmern anfangs ein wenig grün und werden 15–18 cm groß. Sie haben 6 Blütenblätter und als Kontrast rotbraune Staubgefäße. Wuchs 3–5 m hoch.

Clematis-Hybride ›Ville de Lyon‹.

LADY NORTHCLIFFE: Blüten lavendelblau mit weißen Staubgefäßen und 15–18 cm Durchmesser. Die reichblühenden Pflanzen erreichen eine Höhe von 2 m.
MARIE BOISSELOT (= ›Madame le Coultre‹): reichblühende weiße Sorte mit 15 cm Durchmesser und 8 Blütenblättern, gelbe Staubgefäße. Die Wuchshöhe beträgt 3,50–6 m.

Späte Blütezeit:
Ende Juli bis September und Oktober
Die Blüten dieser Sorten werden an den Trieben gebildet, die sich im Frühling entwickeln. Ein scharfer Rückschnitt im Nachwinter ist daher notwendig und sinnvoll.
GIPSY QUEEN: vor über 100 Jahren entstandene Standardsorte mit langer Blütezeit und dunkelpurpurnen, 10–15 cm großen Blüten, roten Staubgefäßen und einer Höhe von 3–4 m.

Clematis-Hybride ›Gipsy Queen‹.

HULDINE: Diese Viticella-Sorte hat die Wuchskraft und die Kleinblütigkeit von ihren Eltern. Die vielen weißen Blüten sind auf der Rückseite blaßrosa und 6–10 cm groß. Höhe 4–5 m, eignet sich gut zur Berankung von Koniferen.

JACKMANII SUPERBA: Diese Sorte ist eine Verbesserung der ursprünglichen Kreuzung vom Jahre 1860. Die dunkelviolettpurpurnen Blüten erscheinen in Massen. Meist erscheinen die Blüten mit 4, seltener mit 5 und 6 Blütenblättern. Die Staubblätter sind braungrün, Höhe 4–6 m.
VILLE DE LYON: sehr beliebte, reichblühende Sorte mit dunkelkarminroten Blüten und gelben Staubgefäßen und einem Durchmesser von 10–15 cm, Höhe bis 3 m.

Fallopia aubertii
– Schlingknöterich
Polygonaceae
– Knöterichgewächse

Beschreibung: Der neue Name *Fallopia* hat sich noch nicht recht eingebürgert, den noch vor wenigen Jahren gebräuchlichen Namen *Bilderdykia* sollte man möglichst bald vergessen, aber nach wie vor steht unser »Klettermaxe« als *Polygonum* in vielen Katalogen.
Von den über 100 Knötericharten sind nur 2 mit Klettereigenschaften bekannt. Diese wollen wir nun näher betrachten.
Sicherlich gehört *F. aubertii* zu den Schlinggewächsen mit dem raschesten Wuchs. Er benötigt daher eine Menge Platz oder den richtigen Standort. In kurzer Zeit sind kleinere Gebäude von den vielen Trieben umhüllt und im Herbst in eine weiße Schaumwolke gehüllt. Ursprünglich in Westchina und Tibet beheimatet, hat er sich wegen dieser Eigenschaft in vielen Ländern eingebürgert. Jahrestriebe von 5 oder 6 m sind keine Seltenheit, aber höher als 20 m sieht man ihn doch kaum.
Die wechselständig angeordneten spitzigen Blätter werden etwa 9 cm lang und sind im Austrieb rötlich gefärbt. Die gelbliche Herbstfärbung fällt nur dem genauen Betrachter auf. Die Jungtriebe sind rötlich gefärbt.

Fallopia aubertii.

Blüte und Frucht: Die weißen Blüten erscheinen in Mengen an aufrechten Rispen von Juli bis Oktober. Die weiße Farbe bleibt bis zum Verblühen rein, die selten erscheinenden Früchtchen sind dreikantige, geflügelte Nüßchen.
Standort: In der Sonne oder im Halbschatten fühlt sich der Schlingknöterich am wohlsten. Er stellt kaum Ansprüche an den Boden, wächst aber in kräftigen Böden stärker.
Kletterhilfen sind unbedingt notwendig, wenn kein Strauch in der Nähe zu finden ist. Spanndrähte, Rankgerüste, Zäune, aber auch Bäume und Lichtmasten sowie Böschungen werden in kurzer Zeit begrünt.
Kultur: Am besten vermehrt man Fallopia durch Steckholz im Winter.
Ähnliche Art:
F. baldschuanica fällt durch grüne Triebe und weiße, sich allmählich rötende Blüten auf.

Hydrangea anomala ssp. petiolaris – Kletterhortensie
Saxifragaceae – Steinbrechgewächse

Beschreibung: Diese Hortensie fällt durch ihren Wuchs völlig aus der Art. Ihre Heimat liegt in Ostasien, hauptsächlich in Japan und Korea. Dort erreicht sie mit ihren Haftwurzeln an den braunen Trieben immerhin Höhen von 12–15 m. Bei uns schafft sie gerade die Hälfte. Sie benötigt zwar einige Jahre nach der Pflanzung zur Wurzelentwicklung, dann aber setzt das Wachstum der Triebe zügig ein.
Die Endknospen sind den ganzen Winter über groß und gelbgrün zu sehen, die Blätter sind gegenständig angeordnet und herzförmig zugespitzt. Die Herbstfärbung ist auffällig hellgelb und läßt die Pflanze noch einmal in der Herbstsonne aufstrahlen.
Blüte und Frucht: Die weißen Blüten erscheinen im Juni und Juli am Rand der bis zu 20 cm breiten Blütenstände, die man als Doldenrispen bezeichnen sollte. Die vierblättrigen Randblüten sind bis zu 3 cm breit, aber steril. Sie dienen der Anlockung von Insekten. Die eigentlichen fertilen Blüten sind unscheinbar grün-weiß gefärbt, setzen aber bei uns selten geflügelte Früchte an.
Standort: Am besten gedeiht die Kletterhortensie an Plätzen im Schatten oder Halbschatten, kommt aber auch noch an sonnenbeschienenen Mauern zurecht. Die Blätter färben sich bei saurem Boden besonders dunkelgrün, in kalkhaltigen Böden ist eine Gabe Torf bei der Pflanzung angebracht.
Mit ihren Haftwurzeln klettert diese herrliche Pflanze wie der Efeu an allen möglichen Gegenständen hinauf, ohne aber ganz die Haltbarkeit des Efeu zu erreichen. Eine kleine Rankhilfe in Form eines Drahtes wäre daher angebracht. Auf eine Mauer gepflanzt, bildet sie hübsche, fast kugelige Büsche, kann aber auch Flächen bedecken.
Kultur: Die Vermehrung kann durch abgelegte Triebe erfolgen, die sich gut bewurzeln, oder aber durch Stecklinge im Sommer. Hohe Luftfeuchtigkeit ist zum Gedeihen unerläßlich.

Hydrangea anomala petiolaris.

Jasminum nudiflorum – Winterjasmin
Oleaceae – Ölbaumgewächse

Beschreibung: Dieser winterblühende Spreizklimmer stammt aus Nordchina und sollte eigentlich in keinem Garten fehlen. Die grüngefärbten, vierkantigen Triebe sind lang und dünn. Am schönsten wirkt dieser Strauch, wenn er auf eine Mauerkrone gepflanzt wird. Dann können seine Triebe 2–3 m lang herabhängen und die Mauer im Frühling mit einem gelben Blütenvorhang schmücken. An der Hauswand gepflanzt, benötigt er in jedem Falle eine Kletterhilfe. Wenn die ersten langen Triebe in 2–3 m Höhe angeheftet werden, so genügt dies für längere Zeit, um einen dichten Behang zu bilden.
Die dreizählig gefingerten Blätter sind nur 3 cm groß, aber gegenständig angeordnet. Mit diesen Blättchen kann er sich auch an den Ästchen anderer Sträucher festhalten und auf diese Weise in die Höhe gelangen. Steife Gehölze, wie der immergrüne Feuerdorn, werden dadurch etwas aufgelockert. Außerdem ist es eine hübsche Farbkombination, wenn im Dezember die roten Früchte des Feuerdorns mit den ersten gelben Blüten des Jasmins an der Hauswand leuchten und gewissermaßen spanische Farben hervorzaubern.

Blüte: Die langröhrige, hellgelbe Blüte erinnert an eine Schlüsselblume oder an eine Forsythie. Die Knospen sind oft rot angehaucht, sie können sich bei milder Witterung schon ab Dezember öffnen. Die Einzelblüte ist 2–3 cm lang, duftet aber nicht. Die Hauptblütezeit ist von Ende Februar

Jasminum nudiflorum.

bis März. Nur ganz selten bekommt man dunkle Früchte zu sehen.

Standort: Da der Winterjasmin in rauhen Lagen leiden kann, empfiehlt es sich, ihn an geschützte Plätze zu setzen. Hauswände in Süd- oder Ostlage sind besonders gut geeignet. Der Boden sollte humos und tiefgründig sein, aber ansonsten ist diese Jasminart problemlos zu halten.

Kultur: Kommen Triebe mit dem Boden in Berührung, bilden sie sofort Wurzeln. Diese Triebe kann man abtrennen und einpflanzen. Stecklinge wachsen ebenfalls recht gut an, entweder im Wasser oder im Stecklingskasten.

Lonicera-Arten

– Geißblatt, Jelängerjelieber

Caprifoliaceae

– Geißblattgewächse

Allgemeine Beschreibung:
Die Gattung *Lonicera* ist sehr vielgestaltig. Neben sommer- und immergrünen Sträuchern sind auch einige Schlinger anzutreffen. Die sommergrünen Schlinger dieser Gattung sind alle auffällige Blütengehölze mit starkem Wuchs, die 3–6 m hoch werden können. Die rechtswindenden Triebe sind dünn und mit gegenständig angeordneten, breit-ovalen Blättern versehen. Bei vielen Arten ist das oberste Blattpaar zu einer Scheibe verwachsen. Meist sind die Blätter an ihrer bläulichen Färbung zu erkennen.

Die langgeröhrten Blüten werden meist in den Abendstunden von Nachtschmetterlingen besucht, die durch einen intensiven Duft angelockt werden. Weiß, gelb und rot sind die vorherrschenden Blütenfarben dieser wunderschönen Kletterpflanzen, die als ideale Laubenpflanzen bekannt sind.

Die Heimatgebiete einiger Arten liegen in Mittel- und Südeuropa, andere stammen aus Ostasien. Die wichtigsten Geißblattarten in unseren Gärten sind eigentlich Hybriden. Nicht vergessen darf man, daß die glänzend roten Beeren meist alle giftig sind.

Lonicera japonica var. repens ›Reticulata‹.

Eine Rankhilfe in Form einer Pergola oder eines Rankgerüstes ist notwendig, oft genügt schon ein Spanndraht am Baum. Sonnige und halbschattige Standorte sind für die sommergrünen Arten am günstigsten. Der Boden sollte humos und durchlässig sein und natürlich über einige Nährstoffe verfügen.
Ein Rückschnitt wird von allen Arten recht gut vertragen und verhindert kahle Stellen im unteren Bereich. An zu trockenen Plätzen treten immer wieder Blattläuse auf, regelmäßige Wassergaben sind daher unerläßlich.
Die Kultur: Anzucht von Geißblattarten ist durch Aussaat möglich, der Samen sollte aber stratifiziert werden. Vermehrung durch Stecklinge gelingt im Frühsommer, die Schnittflächen sollten daher in ein Wuchsstoffpräparat getaucht werden.

Lonicera x brownii (L. hirsuta x L. sempervirens) ist eine schwächer wachsende Hybride mit herrlichen, langröhrigen Blüten, je nach Sorte in orange oder roten Farben. Die Blütezeit erstreckt sich von Juni bis September. Sie wird nur 2–3 m hoch, benötigt aber einen nahrhaften Boden und einen möglichst sonnigen Standort.
Empfehlenswert sind die Sorten »Dropmore Scarlet« (orange bis rot) und »Fuchsioides« (karmin). Die gelben Staubgefäße ragen aus der Blütenröhre hervor.

Lonicera caprifolium: Diese Art ist bei uns heimisch, kommt aber noch in Westasien vor. In den Wäldern erreicht sie gelegentlich bis 10 m Höhe und kann wie der Baumwürger schwächere Gehölztriebe zum Absterben bringen. Die Blüten erscheinen von Mai bis Juni und sind bis zu 5 cm groß, die Farbe gelblichweiß. Im Herbst fallen die roten Beeren auf. Im Gegensatz zu der anderen heimischen Art *L. periclymenum* ist hier das obere Blattpaar verwachsen.

Lonicera x heckrottii (L. x americana x L. sempervirens): Diese Hybride ist sicherlich die schönste und auffälligste Pflanze im Sortiment. Die großen, langen Knospen sind außen rot gefärbt. Die geöffnete Blüte färbt sich über Weiß nach Goldgelb und duftet abends sehr intensiv. Von Juni bis zum Spätherbst erscheinen immer wieder neue Blüten, so daß Blüten und die lackroten Beerenfrüchte zur gleichen Zeit betrachtet werden können.

Lonicera japonica var. repens »Reticulata«: Dieses goldnetzblättrige Geißblatt ist in manchen Jahren wintergrün und besticht durch die goldfarbenen Blattadern. Es ist ein schwachwachsender, aber blühfauler Schlinger.

Lonicera periclymenum: Dieses in Europa heimische Waldgeißblatt muß man einmal im Sommer in Jütland erlebt haben. Dort überzieht es ganze Hänge mit seinen gelbweißen Blüten. Die obersten Blätter sind hier nicht verwachsen. Die Hauptblütezeit ist von Juni bis August.

Lonicera x tellmanniana (L. sempervirens x L. tragophylla): Tief orangegelbe Blüten von Mai bis Juli sind das besondere Kennzeichen dieses herrlichen Schlingers, dessen oberes Blattpaar miteinander verwachsen ist.

Menispermum canadense – Mondsame
Menispermaceae – Mondsamengewächse

Beschreibung: Aus Nordamerika stammt der immerhin 4–5 m hoch wachsende Schlinger, der sich durch behaarte Triebe von seinem japanischen Vetter unterscheidet. Der Name bezieht sich auf die halbmondförmigen Samenkörner, die in den blauschwarzen Früchten enthalten sind. Auffällig sind die 10–12 cm großen Blätter, die an einen Efeu erinnern. Sie sind wechselständig angeordnet und liegen schuppenartig übereinander. Daher eignet er sich hervorragend zur Bekleidung von Zäunen und Rankgerüsten aller Art.
Blüte und Frucht: Die unscheinbaren, grünlichweißen Blüten fallen kaum auf. Sie erscheinen im Mai und Juni und sind zweihäusig. Die Früchte erinnern an Miniaturweintrauben in dunklem Blauschwarz, sie

Menispermum canadense.

hängen noch lange am Strauch und werden erst spät von den Vögeln entdeckt.
Standort: Halbschattige Lagen sagen dem Mondsamen am besten zu. Ein mit Nährstoffen gut versorgter Gartenboden genügt diesem problemlosen und krankheitsfreien Wachser.
Kultur: Die Vermehrung durch Aussaat ist einfach, aber auch Stecklinge im Sommer wachsen gut an. Noch einfacher ist die Vermehrung durch Ableger.

Weitere Art:
M. dauricum: Dieser ostasiatische Vertreter besitzt kahle Jungtriebe und etwas kleinere Blätter als der ausführlich beschriebene amerikanische oder kanadische Mondsame. In der Verwendung sind sie sich ähnlich.

Menispermum dauricum.

Parthenocissus quinquefolia
– Fünfblättrige Jungfernrebe
Vitaceae – Weinrebengewächse

Beschreibung: Von den etwa 10 Arten der Jungfernreben ist dieser amerikanische Vertreter mit seinen Varietäten eine viel verwendete Kletterpflanze. Auffällig sind die 5teiligen Blätter, die etwa 10 cm lang werden können. Sie sind das wichtigste Unterscheidungsmerkmal zum ostasiatischen Vertreter *P. tricuspidata*, der dreilappige Blätter aufweist.
Unser Amerikaner bildet Wickelranken aus, nur ganz selten beobachtet man bei der Art auch Haftscheiben. Dennoch ist er in der Lage, in Bäumen und an Rankgerüsten bis 10 m hoch zu klettern.
Die etwas bläulichgrünen Blätter verfärben sich im Herbst feurigrot, leider hält diese Pracht nur kurze Zeit.
P. quinquefolia sollte am Anfang immer aufgebunden werden, bis er sich an seiner Unterlage festgekrallt hat.
Blüte und Frucht: Die unscheinbaren, gelbgrünen Blüten erscheinen im Juni und Juli. Ihr feiner Duft wird von vielen Fliegen und Bienen wahrgenommen. Die Früchte sind kaum erbsengroß und blauschwarz. Sie werden gerne von Vögeln verzehrt.
Standort: Nur bei vollsonnigem Standort oder halbschattiger Lage ist mit einer prächtigen Herbstfärbung zu rechnen. Tiefgründiger Gartenboden mit etwas Kalkgehalt wird besonders geschätzt.
Kultur: Eine Aussaat der stratifizierten Beerenfrüchte ist möglich, wird aber in den Baumschulen kaum gemacht. Die wichtigste Vermehrungsart ist das Steckholz, auch Stecklinge wachsen ganz gut.
Wichtige Varietät:
P. quinquefolia var. engelmannii unterscheidet sich von der Art durch die vielen Haftscheiben. Dadurch ist er in der Lage, sich an allen möglichen Wänden ohne Hilfe festzuhalten. Er ist also ein echter Selbstklimmer, und das erklärt auch seine Beliebtheit. Zudem ist er noch industriefest, ja er kann bis zu 15 m hoch klettern.

Parthenocissus tricuspidata – Dreispitzige Jungfernrebe
Vitaceae – Weinrebengewächse

Beschreibung: Noch anspruchsloser an Boden und Standort ist der Wilde Wein aus Ostasien. An günstigen Plätzen kann er über 15 m hoch werden. Dabei helfen ihm natürlich die vielen Haftscheiben am Ende der Sproßranken, die ihn zu einem idealen Selbstklimmer machen. Die Blätter sind sehr unterschiedlich in Größe und Form, aber in den meisten Fällen dreilappig oder dreispitzig. Die jungen Blätter sind dagegen meist ungelappt. Die prachtvolle Herbstfärbung zieht sich über mehrere Wochen hin, dabei kann man alle Farbstufen zwischen grün, gelb und scharlachrot beobachten.

Blüte und Frucht: Die unscheinbaren Blüten sind meist vom Laub verdeckt, sie werden im Juni und Juli von vielen Insekten besucht. Die vielen schwarzen Beeren sind weiß bereift und bleiben lange hängen, bevor sie von den Vögeln verzehrt werden.

Standort: Praktisch werden alle Standorte in kurzer Zeit begrünt. In der Sonne ist die Herbstfärbung sicherlich am intensivsten, aber auch vollschattige Wände können vom Wilden Wein besiedelt werden. Übrigens scheiden die Haftscheiben eine leimähnliche Substanz aus, die sie befähigt, auch an so glatten Flächen wie Fensterscheiben kleben zu bleiben. Der Boden sollte tiefgründig und nahrhaft sein.

Kultur: Die Vermehrung erfolgt durch Steckholz im Winter oder durch Stecklinge im Sommer. Eine große Ausnahme bildet die viel verwendete Form »Veitchii«. Sie muß veredelt werden, was am besten in Spezialbetrieben erfolgt.

Wichtige Sorte:
P. tricuspidata »Veitchii« ist sicherlich die wichtigste aller Jungfernreben. Ihre Jugendblätter sind eiförmig und nur 5–7 cm groß, erst im Alter zeigt sich die typische Dreilappigkeit der Blätter, deren Spitzen immer nach unten gerichtet sind. Selbst Trockenheit und Industrieabgase machen dieser Sorte nichts aus.

Parthenocissus tricuspidata ›Veitchii‹.

Passiflora caerulea

	– Passionsblume
Passifloraceae	– Passionsblumengewächse

Beschreibung: Die etwa 400 Arten der Passionsblumen sind vorwiegend in den tropischen Gebieten Südamerikas anzutreffen. Es sind daher Pflanzen, die man im Gewächshaus halten muß. Die Früchte der eßbaren Arten werden zu Getränken verarbeitet, die erfrischend sind und vorzüglich schmecken.

Mit die einzige Art, die man an geschützten Plätzen noch im Freien halten kann, ist die Blaue Passionsblume. Warme Hauswände sind also der ideale Platz für diesen herrlichen Schlinger, der natürlich im Herbst eine Abdeckung aus Laub- oder Nadelstreu erhalten sollte. Erfrorene Triebe schneidet man im Frühling zurück.

Mehr Freude hat man natürlich an mehrjährigen Arten, die man im Gewächshaus überwintert. Besonders schön kann man diese herrlichen Kletterpflanzen schon in Südfrankreich sehen, wo sie in 3–4 Jahren ganze Fassaden begrünen und neben den blauen Blüten auch orangefarbene Früchte hervorbringen.

Die Blätter sind 5–9lappig und etwa 6 cm groß.

Blüte und Frucht: Die Farbenpracht der Einzelblüte ist kaum mit Worten zu beschreiben. Blaue und weiße Blumenblätter scharen sich um den purpurfarbenen Griffel mit der dreiteiligen Narbe. Die Blüte kann einen Durchmesser bis zu 10 cm bekommen.

Die orangeroten Früchte ähneln in Form und Größe einem Hühnerei, sie enthalten eine Menge roter Samenkerne. Bei uns werden allerdings selten Früchte angesetzt, es sei denn, man bestäubt die Blüten von Hand.

Blüten sind erst ab August zu erwarten, können aber in warmen Spätsommern noch lange zu finden sein.

Standort: Wie schon erwähnt, braucht dieser herrliche Schlinger einen ganz besonders geschützten Platz und Winterschutz. Die Erde soll mit Nährstoffen angereichert sein, aber mit Torf und Sand verbessert werden. Zur guten Entwicklung sind auch laufende Wassergaben notwendig.

Kultur: Die Anzucht erfolgt durch Samen oder Stecklinge im Sommer.

Passiflora caerulea.

Rosa	
	– Kletterrosen
Rosaceae	– Rosengewächse

Beschreibung: Kletterrosen sind für viele Menschen der Inbegriff einer herrlichen Laubenpflanze. Eigentlich gehören sie aber zu den Spreizklimmern, sie können sich lediglich mit ihren vielen Stacheln an anderen vieltriebigen Sträuchern festhalten. An einer Wand gepflanzt, benötigen sie auf alle Fälle ein Gerüst zum Anbinden. Im Jahr können sie immerhin Triebe bis zu 2 m bilden. Damit erreichen sie Höhen bis zu 5 m, in manchen Fällen auch mehr. Dies ist nicht nur eine Frage des Standorts, sondern auch der verwendeten Sorte.
Die Blätter sind wechselständig angeordnet, die unpaarig gefiederten Blätter etwa 10–15 cm lang. Edelsorten besitzen 5 Einzelblättchen, Wildarten dagegen 7 und mehr. Da alle Rosensorten veredelt werden, können gelegentlich die Unterlagen Wildtriebe ausbilden, die möglichst an der Ansatzstelle entfernt werden sollten.
Manche Kletterrosen sind in strengen Wintern frostgefährdet. Einige Sorten vertraten Temperaturen bis zu – 25° C, viele andere jedoch nicht. Häufelt man die Pflanze im Herbst mit Erde etwa 15 cm hoch an und deckt die Basis mit Fichtenzweigen ab, so kann man ziemlich sicher mit einem Neuaustrieb im Frühling rechnen.
Blüte und Frucht: Rosenblüten gibt es in den verschiedensten Farben und Füllungsgraden, je nach der gewählten Sorte. Immer blühen Kletterrosen in Büscheln. Es gibt Sorten, die nur einmal im Juni blühen, andere dagegen bringen noch weitere Blüten bis zum Herbst hervor. Diesen Dauerblühern gehört sicher die Zukunft. Duftende Rosen sind neben der Resistenz gegen Rosenkrankheiten ein wichtiges Ziel der Rosenzüchtung.
Die Früchte, Hagebutten genannt, sind eine weitere Zierde der Kletterrosen. Meist sind sie orangerot gefärbt, aber in den Formen unterschiedlich. Man kann sie

Kletterrose.

als Marmelade und die Samenkerne als Tee verwenden. Auch im Winter bei Rauhreif und Schnee sehen sie hübsch aus.

Standort: Kletterrosen gedeihen in tiefgründigen Gartenböden am besten, wenn sie mit Nährstoffen (besonders mit Kali) gut versorgt sind. Lehmige, auch kalkreiche Böden sind gut geeignet, weil sie neben Nährstoffen auch Wasser speichern können. Arme, sandige und auch nasse Böden sind für Rosen ungeeignet.

Sonnige, windgeschützte Stellen sollte man für Rosen vorsehen, ganz windstille Plätze aber wegen erhöhter Anfälligkeit von Krankheiten meiden.

Möchte man am Zaun oder an einer Wand mehrere Sorten verwenden, so pflanzt man sie im Abstand von 1,50 bis 3 m. Stark wachsende Sorten benötigen sogar noch mehr Platz. Licht und Luft sind eine wichtige Voraussetzung zum guten Gedeihen. Bei zu engem Stand sind Krankheiten und Schädlinge unvermeidlich.

Zur Verwendung gelangen alle möglichen Arten von Rankhilfen. Torbögen, freistehende Klettertürme, stabile Zäune oder Sichtschutzwände und vieles mehr eignen sich zur Befestigung von Kletterrosen. Sogar auf Mauern oder an Böschungen sind sie reizvoll. Sie bilden dann breite Kugelbüsche, deren Triebe dem Boden aufliegen.

Kultur: Der Baumschulgärtner vermehrt Rosensorten durch Okulation im Sommer. Dabei werden Edelaugen einer Sorte mittels eines T-Schnittes am Wurzelhals eines Wildlings eingefügt. Bei der Pflanzung der Rosen muß diese Veredelungsstelle etwa 4–5 cm in den Boden kommen. Die Pflanzung erfolgt im Herbst oder Frühjahr in gut vorbereiteten Boden. Dabei werden die Wurzeln und Triebe mit scharfem Messer

Kletterrosen.

stark eingekürzt und dann die gesamten Pflanzen mindestens 1 Stunde gewässert. Nach dem Pflanzvorgang sollte die Rose angehäufelt und gut eingewässert werden.

In Trockenzeiten hilft eine gelegentliche Wässerung auch als Vorbeugung gegen Mehltaubefall.

Nach dem Winter werden die trockenen Zweige zurückgeschnitten. Die Langtriebe läßt man in Ruhe, aber die Kurztriebe schneidet man bis auf 3–4 Augen zurück. An den hier neu gebildeten Sprossen blüht dann die Pflanze reichlich.

Wichtige Rosensorten: In jedem Jahr werden in den Baumschulkatalogen neue, oft auch bessere Rosensorten angeboten. Es hat sich aber gezeigt, daß sich viele ältere Sorten mit diesen Neuheiten messen können.

Doch soll die Leistung von Wilhelm Kordes nicht unerwähnt bleiben. Dieser berühmte deutsche Rosenzüchter schuf um 1950 eine neue Kletterrosengeneration, die Kordesii-Gruppe. Rosen dieser Abstammung sind besonders winterhart, sie blühen öfter und sind auch unempfindlich gegen Krankheiten und Schädlinge.

AMERICAN PILLAR: stark wachsende, einmal blühende Sorte mit rosafarbenen Schalenblüten mit weißer Mitte.

FLAMMENTANZ: außergewöhnlich harte, einmal blühende Sorte mit rot gefüllten Blüten und gesundem Wuchs.

GOLDSTERN: neuere, robuste Sorte mit sattgrünem Laub und goldgelb gefüllten Blüten, die von Juni bis zum Herbst erscheinen.

GRUSS AN HEIDELBERG: feurigrote, duftende und öfter blühende gefüllte Rose mit dunkelgrüner Belaubung.

HAMBURGER PHOENIX: öfter blühende, harte, rotgefüllte Rose mit vielen guten Eigenschaften.

NEW DAWN: zartrosa, gefüllte Rose mit edler Blütenform und angenehmem Duft; blüht laufend nach.

PAUL'S SCARLET CLIMBER: ältere, aber unentbehrliche, rot gefüllte Sorte von Weltruf; gesunde, wetterbeständige, aber nur einmal blühende Rose.

SYMPATHIE: reich- und großblütige Sorte mit dunkelroten, halbgefüllten Blüten und edlem Duft; eine dankbare, winterharte Sorte mit dunkelgrünem Laub.

Rubus fruticosus

– Brombeere

Rosaceae – Rosengewächse

Beschreibung: Jedermann glaubt, die Brombeere, diesen herrlichen Fruchtstrauch, zu kennen. Und doch unterscheiden die Botaniker über 40 verschiedene Rassen allein in Deutschland.

Rubus fruticosus.

Alle unterscheiden sich etwas in Form und Farbe der Blätter, aber auch in den Standortsansprüchen. Nur so sind Mißerfolge in der Anpflanzung zu erklären.

Brombeeren haben dreiteilige, unterseits hellere Blätter und überall Stacheln, sie sind also sehr wehrhaft. Aber mit diesen Gebilden können sie sich an Zweigen anderer Pflanzen festhalten und ihre Triebe nach oben bringen. Es sind also richtige Spreizklimmer. Kommen die langen Triebe mit dem Boden in Kontakt, bewurzeln sie sich sofort. Dadurch bilden sie oft undurchdringliche Gestrüppe am Waldrand oder an warmen Böschungen.

Blüte und Frucht: Die hellrosafarbenen Blüten sind 2–3 cm breit und erscheinen im Juli und August an den seitlichen Kurztrieben in endständigen Rispen. Die schwarzen Früchte sind wohlschmeckend und sehr geschätzt. Eine Reihe von großfrüchtigen Gartensorten sind im Handel erhältlich. Der Geschmack kann je nach Sorte und Reifegrad unterschiedlich sein.

Pflanzen mit geschlitzten Blättern und stachellosen Trieben sind meist *R. laciniatus* zuzuordnen.

Standort: Normaler, tiefgründiger Gartenboden eignet sich besonders gut für Brombeeren. Im Garten bindet man die langen Triebe an ein stabiles Drahtgerüst, möglichst in sonniger, im Ausnahmefall auch in halbschattiger Lage.

Kultur: Die Vermehrung erfolgt durch die Weiterkultur der bewurzelten Absenker. Stachellose Sorten muß man durch Stecklinge weitervermehren, sonst treten wieder bestachelte Formen auf.

Ein starker Rückschnitt der Nebentriebe auf 2–3 Augen ist jährlich im Herbst oder Spätsommer notwendig.

Vitis coignetiae

– *Rostrote Rebe*

Vitaceae – Weinrebengewächse

Beschreibung: Aus Nordjapan und Korea stammt diese stark wachsende und auffällige Rebenart. Sie kann im Jahr immerhin bis zu 4 m lange Triebe bilden, wenn die Wurzeln einmal Fuß gefaßt haben und auch ein entsprechender Kletterbaum zur Verfügung steht. Höhen von 8–10 m werden immer wieder von diesem Kletterer erreicht, der ohne Haftscheiben auskommt und sich nur mit verzweigten Haftranken an einer Unterlage festhält.

Die Jungtriebe sind rostbraun und rauh, die großen, 3–5lappigen Blätter etwas runzelig. Auf der Unterseite sind sie braunfilzig, aber erst im Herbst fallen sie jedem Betrachter auf. Von orangerot bis karmin reicht die Skala der Herbstfarben.

Blüte und Frucht: Die Blüten erscheinen im Juni und Juli, fallen aber wie bei allen *Vitis*-Arten wenig auf. Die blauschwarzen Beerenfrüchte bilden zu dem Herbstlaub einen schönen Kontrast, sind aber leider nicht eßbar.

Standort: Die Rostrote Rebe benötigt einen guten, tiefgründigen Gartenboden in meist sonniger Lage. Aber auch im Schatten ist noch eine schöne Herbstfärbung festzustellen. Wie die meisten Reben gedeiht sie auf Kalkböden besonders gut. Eine Kletterhilfe in Form größerer Gehölze oder Rankgerüste ist unentbehrlich.

Kultur: Eine Vermehrung durch Aussaat ist möglich, wenn man die Samen vorher stratifiziert, also in Sand einschichtet und dann im Frühling aussät.

Weitere Arten:
V. amurensis, die Amurrebe, kann man gelegentlich antreffen. Sie ist für kältere Standorte zu empfehlen und bringt dort noch säuerlich schmeckende Beeren hervor. Die mehr herzförmig rundlichen Blätter werden bis zu 25 cm lang und fallen im Herbst durch ihre prachtvolle Rotfärbung auf.

Vitis vinifera ssp. vinifera
– Echte Weinrebe
Vitaceae – Weinrebengewächse

Beschreibung: Die eigentliche Weinrebe darf in dieser Zusammenstellung nicht fehlen, wird sie doch in den wärmeren Gebieten häufig als Wandbekleidung verwendet. Diese alte Kulturpflanze wurde wahrscheinlich von den Römern nach Norden gebracht. Man schätzt, daß die Zahl ihrer Sorten über 5000 liegt. Die Weinrebe benötigt sachgemäße Pflege, der ernsthafte Weinliebhaber besorgt sich deshalb Spezialliteratur, wenn er nichts falsch machen möchte.
Die Rebe wächst bis zu 15 m hoch, wenn sie entsprechende Hilfen bekommt und sich das Klima dafür eignet. Jährliche Sproßlängen von 1–2 m sind keine Seltenheit. Die Triebe aller *Vitis*-Arten enthalten ein braungefärbtes Mark, dies ist ein wichtiges Unterscheidungsmerkmal zu anderen Gattungen. Die Weinrebe hält sich mit Ranken, die gegenüber dem Blattansatz entspringen, an der Unterlage fest. Die großen Blätter sind 3–5lappig mit herzförmiger Basis. Die Herbstfärbung ist je nach Sorte gelb bis hellrot.

Vitis vinifera.

Blüte und Frucht: Die gelbgrünen Blütchen sind in einer Rispe vereinigt und erscheinen im Juni und Juli. Die Früchte, also die Weintrauben, reifen dann im Spätherbst heran. Jeder Freizeitgärtner freut sich, wenn er seine eigenen Weintrauben ernten kann.
Standort: Nur in wärmsten Lagen hat es Sinn, Weinreben anpflanzen zu wollen. Sie sind zwar hart bis – 18° C, wer aber wohlschmeckende Früchte ernten möchte, der muß seinen Trauben auch die richtige Pflege gewähren. Auf mergeligen Böden sind gute Erfolge möglich.
Kultur: Weinrebensorten werden meist veredelt, und zwar auf reblausresistente Unterlagen. Man kauft am besten eine Topfrebe und pflanzt sie sorgfältig in tief gelockerten Boden. Im Januar und Februar ist der Schnitt vorzunehmen, auch sind Pflanzenschutzmaßnahmen unentbehrlich, wenn gesunde eigene Trauben gelesen werden wollen.

Wisteria sinensis – Glyzine, Blauregen

Leguminosae – Hülsenfrüchtler

Beschreibung: Häufig trifft man diesen rasch wachsenden Schlinger aus China in wärmeren Gebieten an. Doch selbst in Südschweden ist er noch ausreichend winterhart. Im Frühjahr ist man entzückt über die lang hinabhängenden, blauen Blütenstände, die ganze Fassaden und Laubengänge in ein blaues Meer verwandeln. Allerdings sollte man diesem linkswindenden Schlinger eine stabile Unterlage verschaffen. Immer wieder kann es vorkommen, daß im Laufe der Jahre von ihm sogar Dachrinnen und Ablaufrohre zerdrückt werden. Pergolen aus elastischen Holzarten oder gar aus Stahlkonstruktionen sind schon notwendig, um ihn zu bändigen.

In günstigen Gebieten erreicht diese Pflanze immerhin bis 10 m Höhe. Triebe sind bei Glyzinen giftig für den Menschen. Die Blätter sind wechselständig angeordnet und unpaarig gefiedert. Ihre Länge beträgt bis zu 30 cm, man zählt aber nur bis zu 13 Einzelblättchen.

Blüte und Frucht: Im April und Mai, also vor dem Blattaustrieb, erscheinen die 15–30 cm langen, blauvioletten Blütentrauben in Massen. Die Sorte »Alba« besticht durch die reinweißen Blüten. Nur gelegentlich erscheinen die 10–12 cm langen Hülsen, sie enthalten 1–3 giftige Samenkörner.

Standort: Am schönsten entwickeln sich Glyzinen in durchlässigen, sandig-humosen Böden in voller Sonne. Sie benötigen viel Platz und ein stabiles Rankgerüst oder einen älteren Baum.

Kultur: Eine Vermehrung durch Aussaat ist möglich, aber nur selten blühen Sämlingspflanzen besonders reich. Stecklinge von angetriebenen Mutterpflanzen oder Veredelungen sind Arbeiten von Spezialbetrieben. Einfacher ist das Ablegen von langen Trieben in Wellenlinien im Frühling. Im Herbst sind diese Triebe dann bewurzelt und können gepflanzt werden.

Weitere Art:

W. floribunda »Macrobotrys« aus Japan hat rechtswindende Sprosse und entwickelt im Mai bis zu 90 cm lange Blütentrauben. Die Blätter bestehen aus 15–19 Einzelblättchen.

Wisteria sinensis.

Immergrüne Kletterpflanzen

Es gibt nicht viele Pflanzengattungen, die klettern und dazu noch eine immergrüne Belaubung aufweisen. Dies sind die idealen Begrüner für schattigste Lagen, wo sonst nichts anderes mehr gepflanzt werden kann. Ganz besonders anspruchslos ist der Efeu, eine der wenigen immergrünen Pflanzen unserer Heimat.

Er ist ein echter Selbstklimmer, der in wenigen Jahren alte Bäume und Mauern mit seinem Mantel überziehen kann. Dabei ist die Gattung *Hedera* so vielgestaltig, daß man staunt, wenn man einmal eine Spezialgärtnerei besucht. Im Kloster Neuburg bei Heidelberg kultiviert Bruder Ingobert Heieck sogar über 500 Varietäten des Efeu. Wer kann da noch behaupten, Efeu wäre eine gewöhnliche Pflanze?

Wie alle Immergrünen, sind auch die Kletterer empfindlich gegen trockene Ostwinde im Winter. Dann ist der Boden gefroren, und die Pflanzen können kein Wasser mehr aufnehmen. Wichtig ist daher eine durchdringende Wässerung des Bodens an frostfreien Tagen, damit die Blätter nicht vertrocknen. Ansonsten sind die Immergrünen ziemlich anspruchslos, ihre derben Blätter schützen sie vor zu starker Verdunstung.

Efeu bildet einen dichten Mantel.

Euonymus fortunei var. radicans
– Kletternder Spindelbaum
Celastraceae
– Baumwürgergewächse

Beschreibung: Von der über 100 Arten umfassenden Gattung ist nur eine in der Lage, Klettersprosse auszubilden. Diese stammt aus China und wurde vor über 120 Jahren in Europa eingeführt. Die dünnen, braungrünen Triebe klettern mit ihren Haftwurzeln immerhin 2–3 m hoch. Die eirunden Blätter sind 2–4 cm lang und färben sich in den Wintermonaten braunrot. Der Wuchs ist relativ langsam, man muß also viel Geduld aufbringen, wenn man eine Pergola damit beranken möchte.
Blüte und Frucht: Die grünlichen Blütchen sind unscheinbar, sie erscheinen von Mai bis Juni. Auffälliger sind die Früchte. Wie bei anderen Baumwürgergewächsen, so dem Baumwürger selbst, aber auch dem heimischen Pfaffenhütchen, sind die eigentlichen Samen orangefarbig, aber von einer anders gefärbten Fruchthülle umgeben. Bei *E. fortunei var. radicans* ist diese Hülle fast weiß, bildet also einen auffälligen Kontrast. Besonders in den Herbst- und Wintermonaten lohnt sich eine genauere Betrachtung.
Standort: Alle Lagen kann der immergrüne Spindelbaum besiedeln, er eignet sich also sowohl für sonnige als auch für schattige Partien. Der Boden sollte nur nicht zu trokken sein. Eine Bewässerung an frostfreien Wintertagen ist ratsam.
Kultur: Am einfachsten ist es, wenn man am Boden liegende, bewurzelte Triebe abtrennt und verpflanzt. Im Frühling oder Herbst geht dies besonders gut. Der Gärtner vermehrt Euonymus durch Stecklinge im Sommer

Weitere Formen:
Nicht ganz so eifrig klettern einige Varietäten, die besonders durch ihr buntes Laub auffallen. Die Sorte EMERALD'N GOLD ist ein Bodendecker mit goldgelben, EMERALD GAIETY mit weißbunten Blättern. Bei der Sorte COLORATUS freut man sich über die winterliche Rotfärbung. Viele Früchte sieht man bei der Varietät *vegetus*.

Hedera colchica
– Efeu aus Kolchis
Araliaceae
– Araliengewächse

Beschreibung: Diese besonders kräftige Efeuart kommt in den Wäldern am Kaspischen Meer und des Schwarzen Meeres vor. Die Blätter sind bis zu 15 cm lang und wenig gelappt. Die Struktur ist derb lederartig, daher wenig empfindlich gegen Hitze und Kälte. Einmal angewachsen, wächst sie sehr rasch und kann leicht Höhen bis zu 8 m erreichen.
Blüten und Früchte: Etwa 10 Jahre nach der Pflanzung kann man die ersten Blüten beobachten, die Einzelblüten sind bis zu 1 cm groß. Die Beeren sind schwarz, werden aber in Deutschland selten ausgebildet, es ist hier einfach nicht warm genug.
Standort: An schattigen und halbschattigen Mauern klettert dieser Efeu recht gut hinauf, sofern der Boden nicht zu mager ist. Jahrestriebe bis zu 70 cm sind keine Seltenheit.
Kultur: Die Vermehrung aus Triebstecklingen macht keine großen Probleme, besonders wenn man die Stecklinge mit Wurzelhormonen behandelt.

Sorten von *H. colchica*
DENTATA: Die Blätter dieser Sorte werden ungewöhnlich groß, es können Längen bis zu 22 cm beobachtet werden. Die Breite kann bis zu 20 cm betragen, was dieser Sorte eine fast dreieckige Form verleiht. Der Wuchs ist kräftig, so daß Wände und Bäume in kurzer Zeit begrünt werden. Die sattgrünen Blätter sind frosthart.
DENTATA VARIEGATA: Diese gelbbunte Form des großblättrigen Kolchis-Efeus ist ebenso frosthart wie ihre grüne Ausgangsform. Sie wurde um die Jahrhundertwende von einem Gärtner in Südengland entdeckt und erfuhr weiteste Verbreitung. Die Blätter sind ganzrandig mit kleinen Zähnchen versehen, innen hellgrün, außen goldgelb.

Hedera helix
– Efeu
Araliaceae
– Araliengewächse

Beschreibung
Die wohl allerwichtigste Pflanze für Schattenlagen ist der in Europa heimische Efeu. Besonders in den niederschlagsreicheren Gebieten Westeuropas, aber auch des Kaukasus ist er weit verbreitet. In vielen anderen Ländern wurde er eingeführt und ist dort verwildert, zum Beispiel auch in Amerika. Schon den Griechen war der Efeu heilig, er war Dionysos geweiht. Noch heute

Mit Efeu begrünte Eichen.

spielt er in der Medizin eine bedeutende Rolle.
Efeu vermag mit seinen Haftwurzeln bis zu 30 m hohe Bäume und Mauern zu begrünen. Dabei kann er mehrere Jahrhunderte alt werden und dicke Stämme bilden. Häufig hört man, daß Schäden durch alte Efeupflanzen entstünden. Sicher ist es möglich, daß manche Baumkronen das Gewicht des Efeus nicht mehr tragen können und dann zusammenbrechen. Aber ein Schmarotzer ist der Efeu nicht. Er hält sich mit seinen Haftwurzeln lediglich an der Unterlage fest. Schäden an Mauern können auch nur entstehen, wenn das Mauerwerk brüchig ist und die Efeustämme sich in den Fugen ausdehnen können.
Die Blätter sind immergrün und 3–5lappig, sie können 5–10 cm lang werden. Hat der Efeu eine vertikale Stütze gefunden, strebt er ohne Hilfe hinauf, die Jahrestriebe können 50–100 cm lang werden. Etwa nach 10 Jahren beginnt die Bildung von rhombischen Altersblättern. Dann kann auch die Bildung von Blüten einsetzen.

Blüte und Frucht
Die gelbgrünen Blüten erscheinen von September bis Oktober und werden von Fliegen und Wespen besucht. Wie alle Araliengewächse besitzt auch der Efeu als Blütenstand eine Dolde, die Fernwirkung ist gering.
Die Früchte werden reichlich gebildet, sie sind schwarz und werden im Winter gerne von Vögeln verzehrt. Für den Menschen sind sie giftig.

Standort
An schattigen und halbschattigen Stellen fühlt sich der Efeu am wohlsten, besonders in luftfeuchten Gebieten. Die Erde sollte kräftig sein, lehmige Böden sind ideal. Wenn der Boden dazu noch mit Langzeitdünger angereichert wird, kann man mit einem optimalen Wachstum rechnen.
Der heimische Efeu ist der allerbeste Bodendecker für schattige Lagen. Selbst im tiefen Schatten von Kastanien gedeiht er noch zufriedenstellend. Wenn der Boden frisch genug ist, vermag der Efeu auch an sonnigen Stellen gut zu gedeihen. Allerdings sind dann im Winter bei strengen Frösten und Sonnenschein Blattschäden möglich. Er hält sogar Temperaturen bis zu −17° C aus.

Kultur
Die Anzucht bereitet kaum Probleme. Schneidet man die langen Jahrestriebe in etwa 20 cm lange Stücke, so achte man darauf, daß am unteren Ende einige Haftwurzeln vorhanden sind. In Töpfe gesteckt, bil-

den sich daraus rasch weitere Wurzeln. Kopf- und Stammstecklinge steckt man vorteilhaft im Spätsommer.
Auch die Aussaatvermehrung ist möglich. Unter Umständen erhält man dadurch verschiedene Mutationen.

Sorten

Die Zahl der Varietäten und Sorten ist unübersehbar, der Interessent greift in diesem Fall zur Spezialliteratur. In Deutschland hat sich vor vielen Jahren Bruder Ingobert Heieck von der Abtei Neuburg-Heidelberg mit der Gattung Hedera beschäftigt. Seine Sammlung umfaßt inzwischen über 500 Formen. In der modernen Klostergärtnerei werden die wichtigsten Sorten weitervermehrt.
Besonders wichtig sind folgende Sorten von Hedera helix:
GOLDHERZ (Goldheart): Diese auffällige Sorte klettert recht gut und fällt durch ihre kräftige Farbe auf. Die Blätter sind dunkelgrün, aber das Innere ist goldgelb.
HIBERNICA: eine besonders häufig gepflanzte Sorte mit bis zu 14 cm großen fünflappigen Blättern und kräftigen Ranktrieben.
SHAMROCK: Diese kleinblättrige Form besitzt dreilappige Blätter, die etwa 3 cm groß werden. Auffällig ist der breite Mittellappen. Sie eignet sich hervorragend als Bodendecker und Ampelpflanze, da die Ranken ziemlich kurz sind. Die Winterhärte könnte besser sein.
SAGITTIFOLIA: Dieser pfeilblättrige Efeu macht seinem Namen alle Ehre. Die Blätter sind auffällig schmal und spitz, etwa 4–5 cm groß.

Lonicera henryi
– Immergrünes Geißblatt
Caprifoliaceae
– Geißblattgewächse

Beschreibung: Westchina ist die Heimat dieses eigenartigen Gewächses. Mit schwach windenden Trieben sucht es in anderen Gehölzen oder an Rankgerüsten ans Licht zu gelangen. Häufig kriechen die Triebe auch nur über den Boden und bilden dort einen dichten Teppich. Immerhin 3 bis 4 m hoch können die Pflanzen werden, die an schattigen Stellen besonders gut gedeihen. Die meist immergrünen Blätter sind bis zu 8 cm lang und lanzettlich zugespitzt. In strengen Wintern wird das Laub zuweilen abgeworfen.
Blüte und Frucht: Die röhrenförmigen Blüten sind nur 2 cm lang und rötlich gefärbt. Sie erscheinen von Juni bis August. Die Bestäubung wird von Schmetterlingen vorgenommen, der Fruchtansatz ist auch bei uns als reichlich zu bezeichnen. Man muß aber schon genau hinsehen, um die schwarzblauen Beeren zu finden.
Standort: An schattigen und halbschattigen Plätzen fühlt sich das Immergrüne Geißblatt besonders wohl. Ideal sind vor Ostwinden geschützte Lagen, also schattige Innenhöfe und Pergolen. Der Boden sollte kräftig, aber auch humos sein. Nach dem Anwachsen sind gelegentliche Düngergaben in der Vegetationsperiode wichtig.
Kultur: Man kann dieses Gewächs durch Aussaat vermehren, muß aber die Beeren im Herbst stratifizieren und nimmt dann die Aussaat im Frühling vor. Rascher geht die Vermehrung durch Kopfstecklinge im Sommer. Dazu ist aber ein Vermehrungskasten notwendig.

Rubus henryi
– Immergrüne Brombeere
Rosaceae
– Rosengewächse

Beschreibung: Die einzige, ziemlich harte, immergrüne Brombeere, stammt aus Mittelchina. Wie alle Brombeeren gehört sie zu den Spreizklimmern, benötigt also eine Rankhilfe, wenn sie hoch hinaus möchte. An Gerüsten oder Bäumen festgebunden, kann sie in geschützten Lagen bis zu 5 m hoch werden. Auch als Bodendecker in schattigen Lagen ist sie gut geeignet, noch schöner ist es, wenn man sie auf eine Mauer pflanzt, wo sie ihre Triebe lang herunterhängen lassen kann. Besonderes Kennzeichen sind ihre 3–5lappigen, dunkelgrünen, glänzenden Blätter, die unterseits weißfilzig sind.
Der Boden sollte mit Torf und mit organischen Volldüngern verbessert werden. In höheren Lagen der Mittelgebirge friert diese Art immer wieder zurück, so daß man dort auf sie verzichten muß.
Selten sind bei uns Blüten und Früchte zu beobachten.
Standort: In wintermilden Gegenden ist diese Art völlig winterhart, doch sollte ein Winterschutz in Form einer Mulchdecke angebracht werden, damit der Frost nicht so tief in den Boden dringen kann. Nur Plätze in tiefen Schattenlagen sind für diese auffällige Art geeignet.
Kultur: Sollte ein stärkerer Frost die Triebspitzen geschädigt haben, so schneide man diese stark zurück. Die Vermehrung erfolgt durch Kopfstecklinge im Sommer.

	Anzuchtzeit	Pflanzzeit	Lichtverhältnisse (N, W–O, S)	Balkon (Gefäß)	Boden (Freiland)	Rankhilfe					Klettersystem							Unterarten/Hybriden
						Pergola	Maschendraht	Baum	Holzgerüst	Drahtkonstruktion	Sproßranker	Blattranker	Selbstklimmer	Haftwurzler	Spreizklimmer	Schlinger	Blattstielranker	
Wichtige einjährige Kletterpflanzen																		
Adlumia fungosa	III-IV	V	O+W	×	×	×	×					×						
Asarina barclaiana	III	V	S	×	×	×	×										×	
Cardiospermum halicacabum	III	V	S	×	×		×				×							
Cobaea scandens	III	V	S	×	×	×	×		×	×		×						
Cucurbita pepo var. ovifera	IV	VI	S	×	×	×			×	×		×						
Cyclanthera brachystachya	III	V	S	×	×		×					×						
Eccremocarpus scaber	III	V	S	×	×	×	×										×	
Humulus scandens	III-IV	V	W, S, O	×	×	×			×	×						×		
Lagenaria siceraria	III	V	S	×	×				×			×						
Lathyrus odoratus	III	V	S	×	×		×			×		×						
Pharbitis purpurea (syn. Ipomoea)	III	V	S	×	×	×			×	×						×		
Phaseolus coccineus	V	VI	S		×	×			×	×						×		
Quamoclit lobata	III	V	S	×	×	×				×						×		
Thunbergia alata	III	V	S	×	×					×						×		
Tropaeolum-Hybriden	III	V	W, S, O	×	×				×	×							×	
Tropaeolum peregrinum	IV	V	W, O	×	×				×	×							×	

	Anzuchtzeit			Pflanzzeit	Lichtverhältnisse	Balkon (Gefäß)	Boden (Freiland)	Rankhilfe					Klettersystem							Unterarten/Hybriden
	A = Aussaat	St = Steckling	V = Veredelung		N W–O S			Pergola	Maschendraht	Baum	Holzgerüst	Drahtkonstruktion	Sproßranker	Blattranker	Selbstklimmer	Haftwurzler	Spreizklimmer	Schlinger	Blattstielranker	
Sommergrüne Schling- und Kletterpflanzen																				
Actinidia arguta	III	IV		IV, IX	S		×	×			×							×		×
Akebia quinata	III			IV, X	S		×	×			×	×						×		
Ampelopsis aconitifolia		VII		IV, X	W, O		×	×		×	×	×	×							×
Aristolochia macrophylla		V-IX		IV, X	W, O, N		×	×		×	×	×						×		
Campsis radicans		IX		IV, X	S		×	×			×					×				×
Celastrus orbiculatus	IV			IV, X	S		×	×		×	×	×						×		
Clematis	X	VII	XI	IV, X	W, O		×	×		×	×	×							×	×
Fallopia aubertii		XI		IV, X	W, S, O		×	×		×	×	×						×		×
Hydrangea anomala ssp. petiolaris		VII		IV, X	W, N, O		×	×		×	(×)					×	×			
Jasminum nudiflorum		III, IV		IV, X	W, S, O		×				×	×					×			
Lonicera	III	VI		IV, X	W, S, O		×	×		×	×	×						×		×
Menispermum canadense	III	VII		IV, X	W, O		×	×			×							×		×
Parthenocissus quinquefolia		VII		IV, X	W, O, S		×	×		×	×		×		×					×
Parthenocissus tricuspidata			XI	IV, X	W, O, S		×	×					×		×					×
Passiflora caerulea	III	VII		IV, X	S	×	×	×			×	×						×		
Rosa			VII	IV, X	S		×	×			×						×			×
Rubus fruticosus		VII		IV, X	W, S, O		×	×			×	×					×			×
Vitis coignetiae	III			IV, X	W, S, O		×	×			×	×	×							×
Vitis vinifera ssp. vinifera			X	IV, X	S		×	×			×	×	×							×
Wisteria sinensis		VII	XI	IV, X	S		×	×		×	×	×						×		×

	Anzuchtzeit			Pflanzzeit	Lichtverhältnisse	Balkon (Gefäß)	Boden (Freiland)	Rankhilfe					Klettersystem							Unterarten/Hybriden
	A = Aussaat	St = Steckling	V = Veredelung		W–O, N–S			Pergola	Maschendraht	Baum	Holzgerüst	Drahtkonstruktion	Sproßranker	Blattranker	Selbstklimmer	Haftwurzler	Spreizklimmer	Schlinger	Blattstielranker	
Immergrüne Kletterpflanzen																				
Euonymus fortunei var. radicans		VII		IV, X	W, O, N		×	×		×	×	×				×				×
Hedera colchica		IX		IV, X	W, O, N	×	×	×		×						×				×
Hedera helix		IX		IV, X	W, O, N	×	×	×		×						×				×
Lonicera henryi	III	VII		IV, X	W, O, N	×	×	×		×	×	×						×		
Rubus henryi		VII		IV, X	W, O, N	×	×	×		×	×	×					×			

Register

Das neue Hundebuch
(0009) Von W. Busack, überarbeitet von Dr. med. vet. A. Hacker, 104 S., zahlreiche Abb., kart., DM 8,80

Testament und Erbschaft
Erbfolge, Rechte der Erben, Pflichten der Erben, Erbschaftssteuer, Schenkungssteuer, Mustertestamente
(4139) Von Theodor Drewes, Reiner Hollender, 354 S., Pbd., DM 26,80

Scheidung und Unterhalt
nach dem neuen Eherecht
(0403) Von Rechtsanwalt H. T. Drewes, 104 S., mit Karten und Unterhaltstab., kart., DM 7,80

Der neue Briefsteller
(0060) Von I. Wolter-Rosendorf, 112 S., kart., DM 5,80

Die erfolgreiche Bewerbung
(0173) Von W. Manekeller, 152 S., kart., DM 9,80

Reden zum Jubiläum
Musteransprachen für viele Gelegenheiten
(0595) Von G. Georg, 112 S., DM 6,80

Knobeleien und Denksport
(2019) Von Klas Rechenberger, 142 S., viele Zeichnungen, kart., DM 7,80

Kinder und Jugendschach
Offizielles Lehrbuch zur Erringung der Bauern-, Turm- und Königs-diplome des Deutschen Schach-bundes.
(0561) Von B. J. Withuis und Dr. H. Pfleger, 144 S., 11 s/w-Fotos, 223 Abb., kart., DM 12,80

Spiele für Kleinkinder
(2011) Von Dieter Kellermann, 80 S., kart., DM 5,80

Hydrokultur Pflanzen ohne Erde – mühelos gepflegt
(4080) Von Hans-August Rotter, 120 S., 67 farbige und s/w-Abb. sowie Zeichnungen, geb., DM 19,80

Über 150 000 Begriffe
Das Super-Kreuzwort-Rätsel-Lexikon
(4126) Von Hans Schiefelbein, 688 S., Pbd., DM 19,80

Wie soll es heißen?
(0211) Von Dr. Köhr, 88 S., DM 5,80

Beliebte und neue **Kegelspiele**
(0271) Von Georg Bocsai, 92 S., 62 Abb., kart., DM 5,80

So lernt man leicht und schnell Maschinenschreiben
Lehrbuch für Selbstunterricht und Kurse
(0568) Von Jean W. Wagner, 80 S., 31 s/w-Fotos, 26 Zeichnungen, kart., Spiralbindung, DM 19,80

Poesiealbumverse
Heiteres und Besinnliches
(0578) Von Anne Göttling, 112 S., 20 Abb., Pappband, DM 14,80

Hochzeitszeitungen
Muster, Tips und Anregungen
(0288) Von Hans-Jürgen-Winkler, mit vielen Text- und Gestaltungs-anregungen, 116 S., 15 Abb., 1 Musterzeitung, kart., DM 6,80

Von der Verlobung zur Goldenen Hochzeit
Vorbereitung – Festgestaltung – Glückwünsche
(0393) Von Elisabeth Ruge, 120 S., kart., DM 6,80

Bruce Lees Kampfstil 2
Selbstverteidigungs-Techniken
(0486) Von Bruce Lee, M. Uyehara, 128 S., 310 Fotos, kart., DM 9,80

Schmetterlinge
Tagfalter Mitteleuropas erkennen und benennen
(0510) Von Thomas Ruckstuhl, 156 S., 136 Farbfotos, kart., DM 16,80

Falken-Handbuch Pilze
Mit über 250 Farbfotos und Rezepten
(4061) Von Martin Knoop, 276 S., 250 Farbfotos, 28 Zeichnungen, gbd., DM 39,–

Falls durch besondere Umstände Preisänderungen notwendig werden, erfolgt Auftragserteilung zu dem bei der Lieferung gültigen Preis.

Beeren und Waldfrüchte
erkennen und benennen –
eßbar oder giftig?
(0401) Von J. Raithelhuber, 136 S.,
90 Farbfotos, 40 s/w., kart., DM 16,80

Arzneikräuter und Wildgemüse
erkennen und benennen
(0459) Von J. Raithelhuber, 140 S.,
108 Farbfotos, kart., DM 16,80

Tee
Herkunft · Mischungen · Rezepte
(0515) Von Sonja Ruske, 96 S.,
4 Farbtafeln, viele Abbildungen,
Pappband, DM 9,80

Mehr Freude und Erfolg beim
Brotbacken
(4148) Von Anneliese und
Gerhard Eckert, 160 S.,
177 Farbfotos, Pbd., DM 19,80

Zimmerpflanzen
(5010) Von Inge Manz, 64 S.,
98 Farbabb., Pbd., DM 12,80

Die 12 Sternzeichen
Charakter, Liebe und Schicksal
(0385) Von Georg Haddenbach,
160 S., gbd., DM 9,80

Möbel aufarbeiten, reparieren und pflegen
(0386) Von E. Schnau-Lorey,
96 S., 104 Fotos und Zeichnungen,
kart., DM 6,80

Liebeshoroskop für die 12 Sternzeichen
Glück und Harmonie mit ihrem
Traumpartner.
Alles über Chancen, Beziehungen,
Erotik, Zärtlichkeit, Leidenschaft.
(0587) Von Georg Haddenbach, 144 S.,
12 Zeichnungen, geb., DM 6,80

Einkochen
nach allen Regeln der Kunst
(0405) Von Birgit Müller, 96 S.,
8 Farbtafeln, kart., ca. DM 6,80

Bodybuilding
Anleitung zum Muskel- und
Konditionstraining für sie und ihn
(0604) Von Reinhard Smolana, 160 S.,
172 Fotos, kart., DM 9,80

Moderne Schmalfilmpraxis
Ausrüstungen · Drehbuch · Aufnahme
Schnitt · Vertonung
(4043) Von Uwe Ney, 328 S., mit über
200 Abb., teils vierfarbig,
gbd., DM 29,80

Windsurfing
Handbuch für Grundstein und Praxis
(5028) Von Calle Schmidt, 64 S.,
über 50 Abb., durchgehend vierfarbig,
Pbd., DM 12,80

Reiten
vom ersten Schritt zum Reiterglück
(5033) Von Herta F. Kraupa-Tuskany,
64 S., mit vielen Zeichnungen und
Farbabb., Pbd., DM 12,80

Gitarre spielen
Ein Grundkurs für den Selbst-
unterricht
(0534) Von Atti Roßmann, 96 S.,
1 Schallfolie, 150 Zeichnungen,
durchgehend zweifarbig, kart.,
DM 24,80

Buntbemalte Kunstwerke aus
Salzteig
Figuren, Landschaften und Wand-
bilder
(5141) Von Gabi Belli, 64 S.,
122 Farbfotos, Pbd., DM 12,80

Gestalten mit Salzteig
formen · bemalen · lackieren
(0613) Von Wolf-Ulrich Cropp, 32 S.,
56 Farbfotos, DM 6,80

Formen mit Backton
trocknen · backen · bemalen
(0612) Von Angelika Köhler,
32 S., 51 Farbfotos,
Spiralbindung, DM 7,80

Moderne Fotopraxis
Bildgestaltung · Aufnahmepraxis
Kameratechnik · Fotolexikon
(4030) Von Wolfgang Freihen,
304 S., mit 244 Abb., davon 50 vier-
farbig, Balacron mit vierfarbigem
Schutzumschlag, abwaschbare
Polyleinprägung, DM 36,–

Falken-Handbuch Videofilmen
Systeme, Kameras, Aufnahme,
Ton und Schnitt
(4093) Von Peter Lanzendorf, 288 S.,
8 Farbtafeln, 165 s/w-Fotos,
25 Zeichnungen, geb., DM 36,–

Hobby Seidenmalerei
(0611) Von Renate Henge, 88 S.,
106 Farbtafeln, Mustervorlagen,
kart., DM 19,80

Falken-Handbuch Heimwerken
Reparieren und Selbermachen
in Haus und Wohnung –
über 1100 Farbfotos. Sonderteil:
Praktisches Energiesparen
(4117) Von Thomas Pochert, 440 S.,
1164 Farbfotos, 100 ein- und
zweifarbige Abb., geb., DM 49,–

Falls durch besondere Umstände Preisänderungen notwendig werden, erfolgt Auftragserteilung zu dem bei der Lieferung gültigen Preis.

Kletterpflanzen
Rankende Begrünung für Fassade, Balkon und Garten
(5140) Von Martin Haberer, 64 S., ca. 63 Farbfotos, ca. 18 Zeichnungen, Pbd., ca. DM 12,80

Leben im Naturgarten
Der Biogärtner und seine gesunde Umwelt
(4124) Von Norbert Jorek, 128 S., 68 s/w-Fotos, 15 Farbtafeln, DM 12,80

Moderne Korrespondenz
(4014) Von H. Kirst und W. Manekeller, 570 S., gbd., DM 39,–

Die hier vorgestellten Bücher sind nur eine Auswahl aus unserem großen Ratgeber- und Sachbuchprogramm.
Bitte fordern Sie unser kostenloses Gesamtverzeichnis an.

Falken-Verlag GmbH · Postfach 1120
D-6272 Niedernhausen/Ts.

Blütenpracht in Haus und Garten
Der große praktische Ratgeber mit über 1000 farbigen Abbildungen
(4145) Von M. Haberer, F. Jantzen, G. Lysek, P. Möhring, N. Uhl, 352 S., über 1000 farbige Abbildungen, Pbd., DM 29,80

Kalte Platten
(4064) Von Maître Pierre Pfister, 240 S., 135 großformatige Fotos, gbd., DM 48,–

Backen
(4113) Von Margrit Gutta, 240 S., 123 Farbfotos, geb., DM 48,–

Das Aquarium
Einrichtung, Pflege und Fische für Süß- und Meerwasser
(4029) Von Hans J. Mayland, 334 S., über 415 Farbfotos und Farbtafeln, 150 Zeichnungen, geb., DM 39,–

Katzen
Rassen · Haltung · Pflege
(4216) Von Brigitte Eilert-Overbeck, 96 S., 82 großformatige Fotos, Pbd., DM 24,80

Falken-Handbuch Kochen
nach allen Regeln der Kunst
Das moderne Grundkochbuch mit über 1000 Farbbildern
(4143) Von Margrit Gutta, 624 S., mit über 1000 farbigen Abbildungen, geb., DM 78,–

Hunde-Ausbildung
Verhalten – Gehorsam – Abrichtung
(0346) Von Prof. Dr. R. Menzel, 96 S., 18 Fotos, kart., DM 7,80

Faszinierende Formen und Farben
Kakteen
(4211) Von Katharina und Franz Schild, 96 S., 127 großformatige Farbfotos, Pbd., DM 24,80

Falken-Handbuch Astrologie
Charakterkunde – Schicksal, Liebe und Beruf – Berechnung und Deutung von Horoskopen-Aszendenttabelle
(4068) Von B. A. Mertz, mit einem Geleitwort von Hildegard Knef, 342 S., mit erläuternden Grafiken, gbd., DM 29,80

Heiltees und Kräuter für die Gesundheit
(4123) Von Gerhard Leibold, 136 S., 15 Farbtafeln, kart., DM 12,80

Falls durch besondere Umstände Preisänderungen notwendig werden, erfolgt Auftragserteilung zu dem bei der Lieferung gültigen Preis.